河北省社会科学重要学术著作出版资助项目
河北省教育厅人文社会科学重大课题攻关项目（ZD201627） 的项目成果
国家社会科学基金艺术学一般项目（11BG078）

Cultural Heritage Digital and Virtual Interactive Display Communication

文化遗产数字化与虚拟互动展示传播

王晓芬　王艳贞◎著

科学出版社
北　京

图书在版编目（CIP）数据

文化遗产数字化与虚拟互动展示传播 / 王晓芬，王艳贞著. —北京：科学出版社，2017.11

ISBN 978-7-03-055466-6

Ⅰ. ①文… Ⅱ. ①王… ②王… Ⅲ. ①文化遗产-保护-数字化-研究-中国 Ⅳ. ①K203-39

中国版本图书馆 CIP 数据核字（2017）第 279449 号

责任编辑：侯俊琳 朱萍萍 / 责任校对：赵桂芬

责任印制：张欣秀 / 封面设计：有道文化

联系电话：010-64035853

E-mail：houjunlin@mail.sciencep.com

科学出版社 出版

北京东黄城根北街 16 号

邮政编码：100717

http://www.sciencep.com

北京凌奇印刷有限责任公司印刷

科学出版社发行 各地新华书店经销

*

2017 年 11 月第 一 版 开本：720×1000 B5

2021 年 3 月第三次印刷 印张：9 3/4 插页：2

字数：119 000

定价：68.00 元

（如有印装质量问题，我社负责调换）

前言

文化遗产是一个民族的灵魂，是人类文明的历史遗存，是创造者和广大劳动者智慧的结晶。经过每个时代的锤炼而逐渐形成精品，它积淀了时代的精神，保留了最浓缩的民族性和民族特色。文化遗产是研究人类文明发展的珍贵材料，具有重要的文化价值。笔者近年来一直从事文化遗产数字化保护与传承方面的工作。研究发现，随着社会生活节奏的不断加快以及外来文化的强大冲击，许多优秀的民族民间艺术正处在濒临灭绝的边缘。于是，拯救、修复、保护和传承这一民间文化瑰宝成为文化从业者迫在眉睫的任务。

现代信息技术的发展，为文化遗产的保护与传承提供了新思路，面向非物质文化遗产保护、传承与开发利用的信息技术研究，已引起国际国内学术界的普遍关注。本书即是运用现代信息技术、数字化手段对河北省的民族民间文化进行深入普查和采集整理，继而进行分类解析、建库检索、创新应用、数字化共享共建，搭建文化遗产虚拟互动交互体系平台，为民族民间艺术实现最大范围内的资源共享与传承提供服务。

书中选定列入第一批国家级非物质文化遗产名录的河北省剪纸艺术为例进行研究与阐述。河北民间剪纸艺术品类丰富，风格独特，在国内外享有盛誉，其文化形态功能具有普遍性的意义，题材内涵丰富，几乎能包容所有的民间观念基因。相对于其他的民间艺术品类来说，剪纸艺术是一种根源性的东西。它的图形符号在民间的木雕、砖雕、陶瓷、刺绣、年画等民间艺术中有广泛的应用。书中讲到的虚拟互动体验平台开发技术，基于剪纸艺术图形符号库、纹理库的检索与创新应用技术，使我们传统文化的保护与传承有了现代高新技术的支持与保障。简单地说，就是为我们以“服务生活”为目的的剪纸创新艺术提供更方便的素材资料库及技术支持，使广大人民群众能够广泛、轻松地参与到民间艺术的创新体验之中，以此激发民间艺术新的生命力与活力，使得大众对传统文化的认同感得到加强，并营造出一种珍视民族艺术的文化氛围。

本书由王晓芬负责总体框架、主要研究内容、研究思路、原始素材数字化采集路线、要求、标准方案、平台构建以及创新应用等整体内容的策划、起草与撰写工作；王艳贞老师负责剪纸艺术原始素材的采集与资料整理等部分内容的起草与撰写工作；苑鹏军老师责多媒体交互体系平台规划与实现等部分内容的起草与撰写工作；陆凯老师负责工艺流程交互 DIY 系统与剪纸艺术游艺系统等方面内容的起草与撰写工作；韩立华老师负责原始资料的优化处理与压缩检索等内容的起草与撰写工作。

利用数字化高新技术对文化遗产信息进行高清采集、整理、分类、存储方法，可以使我们的研究成果以一种广泛、直观的方式向大众展示，推动民间民族文化的传播与传承。并且可以利用数字技术对文化遗产进行重新阐释，赋予它们新的含义、新的存在和传承方式，使它们与我们的现实生活永远息息相关，为我国非物质文化遗产的保护和传播提供更先进的技术和途径。

著　者

2017 年 9 月

目　录

第一章

非物质文化遗产数字化保护现状

非物质文化遗产是一个民族的灵魂，是人类文明的历史遗存，是研究人类文明发展的珍贵材料，具有重要的文化价值。近年来，随着国内外非物质文化遗产保护与传承需求的不断深入，面向非物质文化遗产保护、研究与开发利用的专门信息技术研究，已经引起国际、国内学术界的普遍关注。目前，数字化文化遗产的发展水平已经成为评价一个国家信息技术发展水平的重要标志之一。作为文化大国，中国在这方面的数字化建设虽然已经取得一定成绩，但还远远不足。

2000 年，联合国教育、科学及文化组织（简称联合国教科文组织，UNESCO）启动了“人类口头和非物质遗产代表作”项目，对人类文化多样性进行关注，使陷入低谷的中国民族民间文化艺术又开始受到前所未有的社会关注。2006 年 5 月 20 日，国务院以国发〔2006〕18 号文件颁布《关于公布第一批国家级非物质文化遗产名录的通知》。列入第一批国家级非物质文化遗产名录的遗产的 518 项中第 315 项为剪纸，其中河北两项剪纸艺术位列其首，即蔚县剪纸和丰宁满族剪纸。经过十余年的保护和发展，一系列振兴传统工艺的探索实践已经陆续展开，目前已经初见成效。截至 2016 年年底，我国已公布的国家非物质文化遗产代表性项目 1372 项，省级非物质文化遗产代表性项目 13087 项。2017 年 3 月 12 日，国务院通过了文化部、工业和信息化部、财政部的“中国传统工艺振兴计划”，部署促进中国传统工艺的传承与发展，为非物质文化遗产的保护和发展提供了保障。

第一节　国际现状

非物质文化遗产是创造者和广大劳动者智慧的结晶，经过时代的锤炼而逐渐形成精品，积淀了时代的精神，保留了最浓缩的民族性和民族特色。但是随着生活节奏的不断加快以及外来文化的强大冲击，许多优秀的民族民间艺术正处在濒临灭绝的边缘。

目前，文化遗产数字化的发展程度已经成为评价一个国家信息技术的重要标志之一。因此，当前世界先进国家无不以国家政策主导、以公共资金启动文化遗产数字化建设。1992 年，为了便于永久性地保存和最大限度地让公众公平地享有文化遗产，联合国教科文组织开始推动“世界的记忆”（Memory of the World）项目，在世界范围内推动文化遗产数字化。20 世纪 90 年代初，欧洲、美国和日本等国家和地区在信息建设的同时展开了文化遗产数字化的工作，并已经取得了一定的社会效应和经济效应。例如，美国数字图书馆中的“美国记忆”（American Memory）项目，在 2000 年已经完成了美国建国以来的 500 万件历史文献资料的数字化，可为观众提供在线浏览信息。英国政府于 1997 年提出了“全国学习网”计划，使全国的大专院校、图书馆、博物馆与“全国学习网”连通，从而扩大整个社会获取知识及接受教育的机会和途径，达到创造一个网络化“知识社会”的目标。法国政府将文化遗产信息网络的建设列为发展的重要项目。数字化资源在学校教育、观光等方面得到了很好的利用。日本传统文化的数字化是国家文化建设及树立日本国际形象的策略之一。日本奥兹地区的活态文化遗产“狮子舞”的动作捕捉与音频项目被称为虚拟保护的“精神链”工程。日本日立制作所的“数字源氏物语图”成为日本的“数字文化大使”，成功地树立了日本传统与现代文化相融合的国际形象。加拿大政府 1996 年 5 月制定了“建设信息社会——使加拿大进入 21 世纪”

的行动计划，并为此成立了专门的机构——加拿大遗产信息网络，统筹全国的数字化工作，为遗产的数字化及知识的大众化做好了充分的准备。

第二节 国内现状

作为非物质文化遗产大国，我国有许多资源是世界上独有的，但是中国的非物质文化遗产的数字化现状并不容乐观。

目前我国的文化遗产数字化保护工程已经开展了一些实质性的研究项目。例如，浙江大学 CAD&CG 国家重点实验室就敦煌艺术的数字化保护技术自 1997 年至今进行了几年的研究，已经取得了多方面的研究成果。此外，浙江大学的虚拟故宫漫游、北京大学的故宫数字化、南京大学的三峡文化遗产数字化展览工程等项目，为我国通过信息技术对濒危文化遗产的保护、传承与再创造提供了有益的方法和经验。但是，我国在非物质文化遗产数字化领域的研究却才刚刚起步。近几年，在政府的支持下，部分项目也取得了一些实质性的进展。例如，2003 年由北京航空航天大学、清华大学、北京体育大学等学校共同承担的 2008 年北京奥运会的重点项目——“虚拟奥林匹克博物馆”的建设研究，为国内和世界上的青少年营造了学习和了解中国古代体育文化的虚拟空间。此外，清华大学新闻与传播学院新媒体研究中心数字图像试验室承担的无形遗产朱仙镇木版年画数字化项目、浙江大学 CAD&CG 国家重点实验室的“民间表演艺术的数字化抢救保护与开发的关键技术研究”项目、“云南斑铜的工艺品数字化辅助设计系统”，浙江大学现代工业设计研究所的楚文化编钟乐舞数字化保护等项目的研究工作，也已经取得了一些令业内瞩目的成就。

当前，我国政府对非物质文化遗产的保护工作也日益重视，但还远远不够。作为历史悠久的文化大国，我国许多非物质文化遗产正面临着灭绝的危机。面对汹涌而至的西方文化大潮，我们应当积极实施中国传统文化数字化工程，把我国博大精深的传统文化资源转变成数字文化产品，赢得国际文化竞争的战略主动地位。为我国非物质文化遗产的保护和传播提供更先进的技术和途径。

第二章
主要内容与总体思路

本书主要讲述如何运用高精度、高逼真的数字化非物质文化遗产保护技术（如人工智能技术，虚拟现实技术，多媒体、宽带网络与数据库等信息技术）开发基于计算机与网络环境的新型实用化查询、检索、赏析、创新应用、游戏体验等多媒体交互体系平台，为文化资源的保护与可持续发展服务；讲述非物质文化遗产抢救、保护、传承与发展的思路与方法；讲述如何利用信息技术对非物质文化遗产进行重新阐释，赋予它们新的含义、新的存在与传承方式，使它们与我们的现实生活永远息息相关。全书以河北典型非物质文化遗产——剪纸艺术为个案进行介绍。

第一节　保护模式与框架

本书介绍的河北剪纸艺术数字化保护多媒体交互体系平台由九部分组成，主要包括剪纸介绍、河北剪纸、剪纸赏析、代表艺人、工艺流程、剪纸纹样、创新应用、游戏体验、新闻动态、论坛与留言等模块。其中部分模块下设有拓展模块。例如，河北剪纸模块下设有蔚县剪纸、丰宁满族剪纸、磁县剪纸、无极剪纸、内蒙古剪纸、三河剪纸等模块；剪纸赏析模块下按照剪纸的表现题材进行了分类赏析，包括人物、动物、花鸟、风景、十二生肖、戏剧人物、戏剧脸谱、民间故事等；剪纸纹样模块下设有锯齿纹、鱼鳞纹、月牙纹、水波纹、云纹等模块；工艺流程模块下设有传统工艺流程和数字工艺流程等模块。河北剪纸艺术数字化保护多媒体交互体系平台的框架如图 2-1 所示。

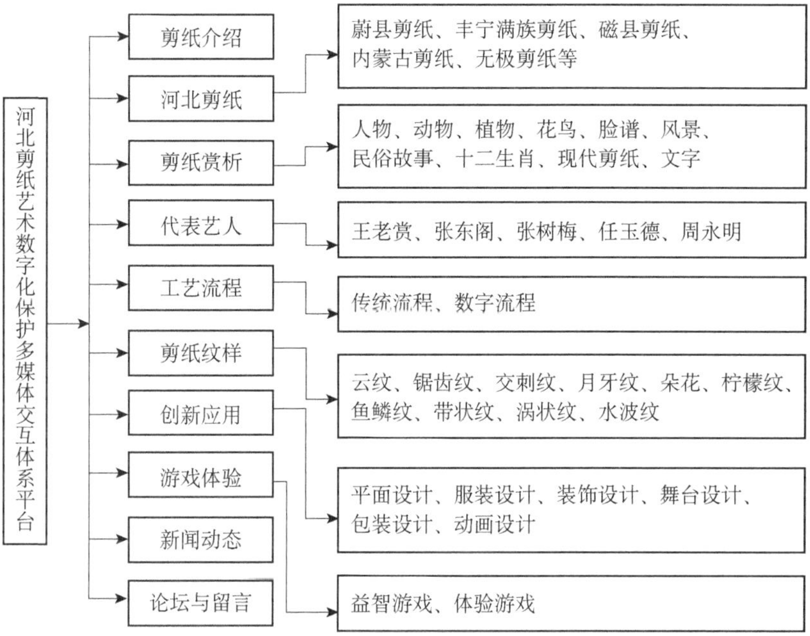

图 2-1　河北剪纸艺术数字化保护多媒体交互体系平台的框架

第二节　多媒体交互体系平台的规划与设计

一、总体设计思想

河北剪纸艺术数字化保护多媒体交互体系平台的总体设计思想是：使所有相关资源达到最优的展示、最佳的整合、最大范围的共享与共建、全新的应用与体验，使不了解剪纸艺术的用户走进民间艺术的世界，学会欣赏剪纸艺术的美及其造型语言和文化内涵，体验剪纸艺术生产流程交互动画和游戏 DIY 所带来的身心愉悦与参与意识，同时让对剪纸艺术感兴趣的应用者和研究者在这里找到所需要的资源和素材，汲取民间艺术中多层次的文化内涵，汲取艺术本源中的活力，把它灌注到新的研究、创作、教育与娱乐体验之中。

二、平台架构方案

为达到上述设计思想和目标，河北剪纸艺术数字化保护多媒体交互体系平台采用数据库-服务器-应用-用户 4 层体系结构，使整个平台达到优化应用，整体架构方案如图 2-2 所示。

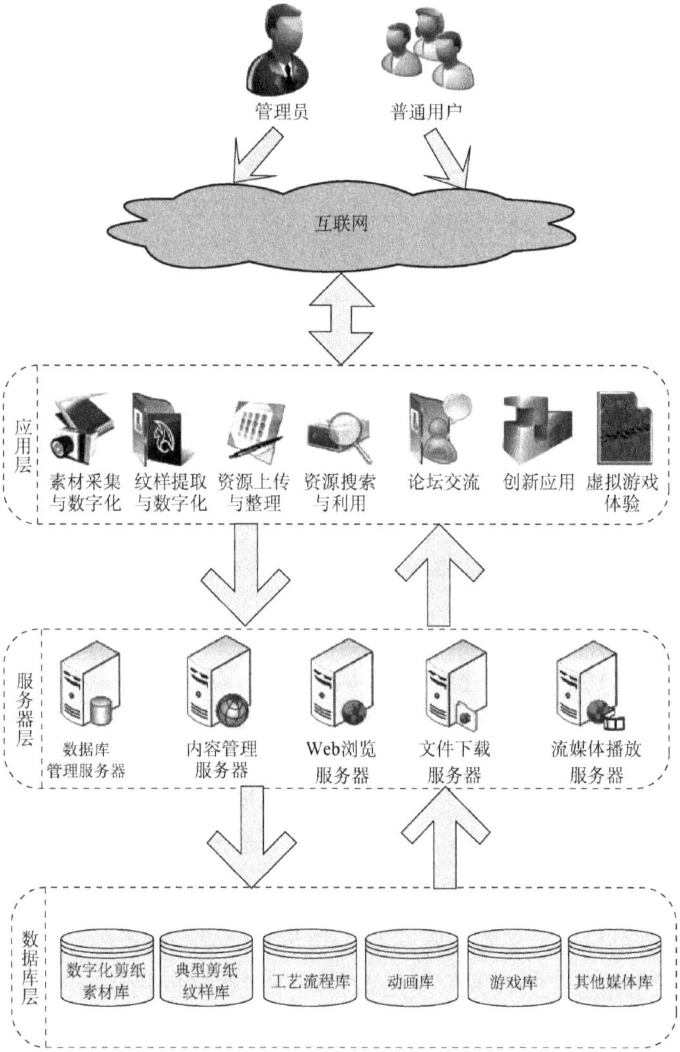

图 2-2　河北剪纸艺术数字化保护多媒体交互体系平台整体架构方案

三、平台功能的构成

在总体设计思想与整体架构方案的指导下，河北剪纸艺术数字化保护多媒体交互体系平台涵盖了素材管理、资源管理、工艺流程管理、动画管理、游戏管理、创新应用、新闻管理及留言管理等各项功能，各功能具体划分如图2-3所示。

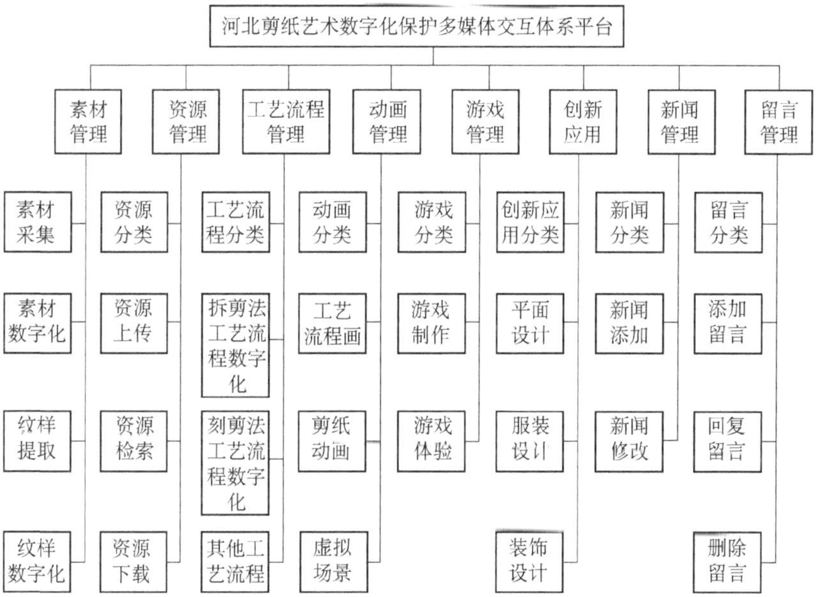

图2-3　河北剪纸艺术数字化保护多媒体交互体系平台

四、平台应用流程

河北剪纸艺术数字化保护多媒体交互体系平台提供了人-机交互、人交互两大类交互手段，向设计者（管理员）和使用者（普通用户）分别提供了不同功能。设计者主要从素材采集、资源优化、创新应用、游戏开发等角度入手，主要作为系统的“输入端”，使用者主要从素材欣赏、资源利用、创新应用了解、游戏体验等角度考虑，主要作为系统的“输出端”。两类用户应用平台的流程如图 2-4 所示。

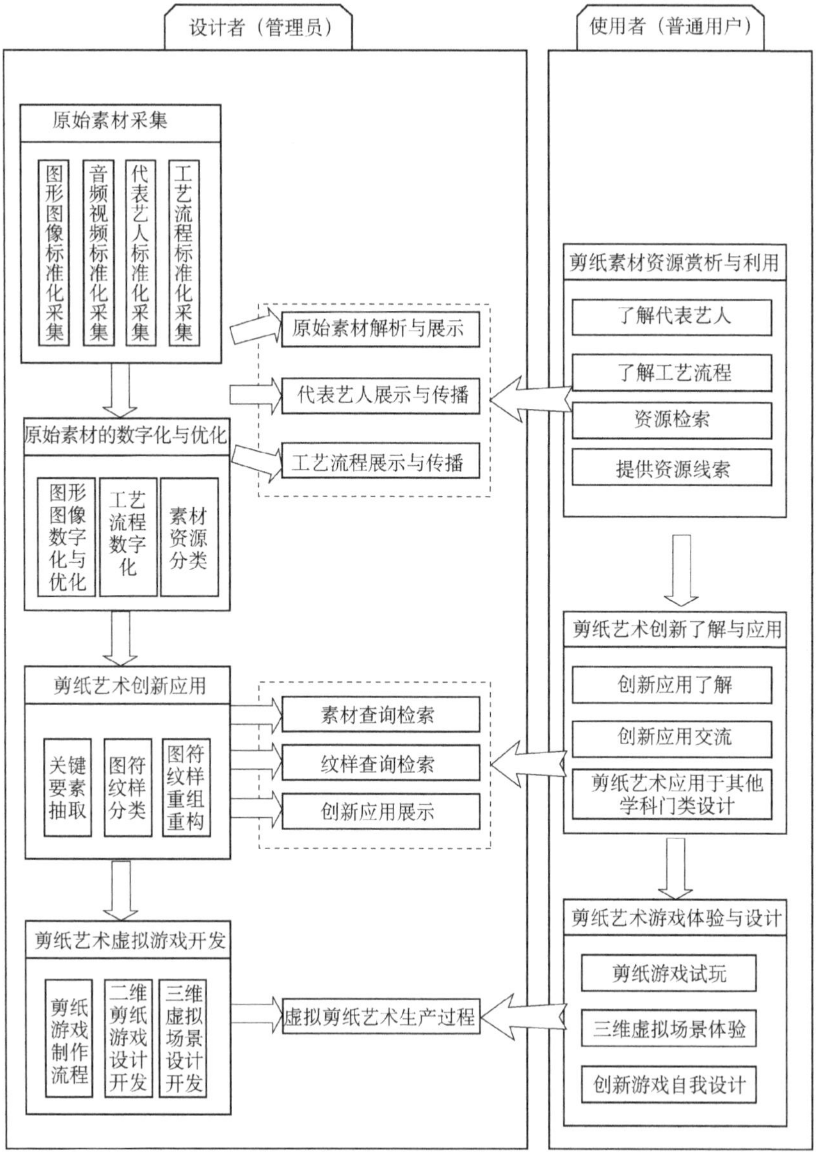

图 2-4　设计者（管理员）和使用者（普通用户）应用平台的流程

第三节　技术路线与实现方案

一、技术路线

剪纸艺术数字化保护模式——河北剪纸艺术数字化保护多媒体交互体系平台按照图 2-5 所示的方法和技术路线逐步进行。重点有：研究剪纸艺术原始素材的标准化采集技术；剪纸艺术图形图像的数字化处理与优化技术；关键要素、图形符号、纹理符号的提取技术；基

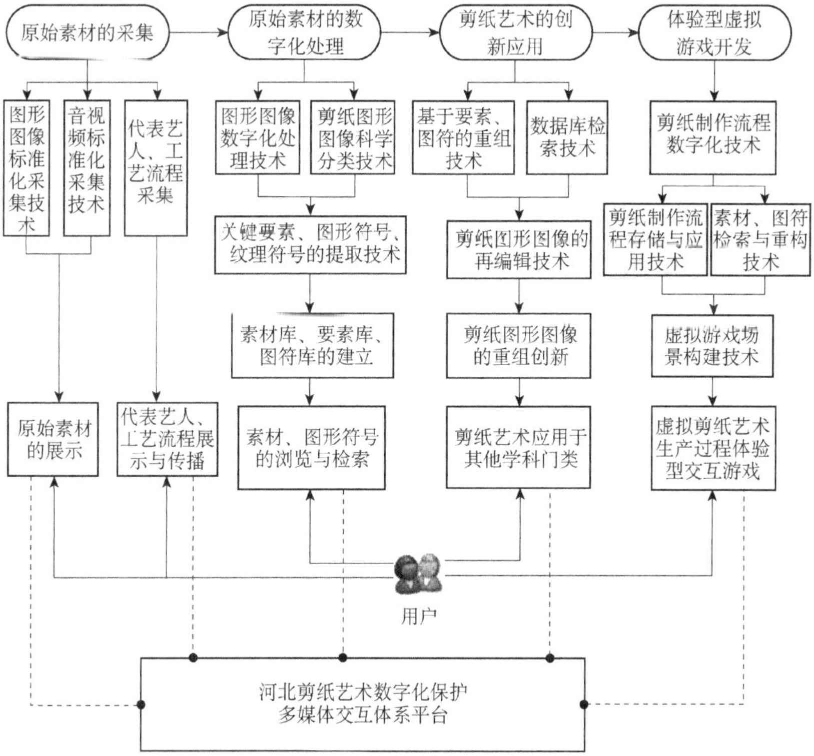

图 2-5　剪纸艺术数字化保护模式实现的技术路线图

于关键要素和图形符号的剪纸艺术创新技术；剪纸艺术制作流程数字化及其存储应用技术及虚拟剪纸艺术生产过程的交互型游戏开发技术等。

二、实现方案

1. 原始素材的采集和数字化技术

对于剪纸艺术各种素材的采集和数字化是首要目标，也是下一步工作的基础。其所涉及的技术包括：图形图像标准化采集技术、音视频的标准化采集技术，原始素材的数字化处理和进一步优化处理（包括色彩、色调、清晰度等），对于整体艺术品的关键元素、代表图形符号、纹理图案的提取与分类技术、图形图像、要素图符等多媒体信息的存储和检索技术等。

2. 剪纸艺术的创新与应用技术

基于提取的关键元素、图形符号、纹理图案的重组、重构进而达到艺术作品的创新应用是重点，涉及的技术包括：多媒体信息检索技术（主要是基于关键字和图像的检索技术）、关键要素、图符的重组技术（对元素符号、纹理图案的任意组合以生成新的剪纸图形），图形图像的编辑加工技术（对于组合后的新图形进一步艺术加工，成为新的艺术作品，以应用于其他设计作品中）。

3. 艺术作品制作流程数字化存储与应用技术

将剪纸艺术这种技艺性和随意性很高的作品制作流程经过数字化后进行存储，然后再将其应用于指导普通大众的一般创作是关键技术之一，其涉及的技术包括：艺术作品制作流程采集技术、制作流程数字化及其存储技术、制作流程的应用技术等。

4. 体验型虚拟游戏平台构建技术

将剪纸艺术作品生产过程与目前流行的虚拟场景游戏体验相结合，以达到剪纸艺术的广泛传播和应用是创新之一，涉及的技术包括：艺术作品生产流程应用技术、计算机动画技术、虚拟场景构建技术、自然景物模拟技术、教育游戏设计与开发技术等。

第三章

原始素材的采集与优化

第一节　河北剪纸及其区域特色

我国各地几乎均有剪纸，且各具特色。西北的剪纸淳朴浑厚，江南的剪纸妩媚流畅，广东的剪纸金碧辉煌。这其中，延安的剪纸以古拙稚趣取胜，上海的剪纸以流畅挺拔显奇，扬州的剪纸以别致灵秀夺人。相比而言，河北的剪纸刀剪并用，古朴精巧，独特新颖，色彩多样，显示了燕赵儿女的聪明才智和艺术魅力。

河北剪纸在全国众多剪纸艺术中独树一帜，遍布河北各地，北部的承德、张家口，中部的石家庄，南部的邢台、邯郸，东部的沧州、唐山等地都有剪纸艺术流传，特别是蔚县、丰宁、磁县等地的剪纸在国内影响较大。河北剪纸的内容丰富、形式多样、内涵广泛、寓意深刻，包括花鸟飞禽、瓜果鱼虫、民间故事、戏曲人物等，实属民间乡土艺术的奇葩。2006 年蔚县剪纸与丰宁满族剪纸双双被列入国家第一批非物质文化遗产名录，且蔚县剪纸位列其首。

一、蔚县剪纸

蔚县古称“蔚州”，现属张家口市，地处河北省西北部，东临京津，南接保定，西依山西大同，北枕塞外古城张家口。在京张、京广铁路未通车前，是沟通塞外与关内的交通与商务要道。蔚县剪纸就在这样的不断沟通、交流、吸收与借鉴过程中形成了自己独有的特色。它有别于全国众多千百年来延承不便的农村妇女自娱自乐形式的剪纸，是应商品交换的需要而逐步发展和成熟的，可以说是一种商业的产物，从产生到成熟都与商业运作息息相关。蔚县剪纸具有悠久的历史，在全国剪纸艺坛上独树一帜，倍受称誉。

二、丰宁满族剪纸

丰宁满族自治县位于河北省北部，历史上是北方游牧民族繁衍生息的地方，同时也是汉族和北方少数民族政治、经济、文化交流的活跃地区。据史料记述，清顺治、康熙年间，入关八旗军留守丰宁一带，跑马占圈，今天山西、河南、河北这些地方的灾民涌入丰宁，丰宁满族剪纸出现了，作品带有杨柳青年画、山东高密剪纸风格。经过后来100 多年的发展，丰宁满族剪纸逐渐形成自己的风格，几乎村村户户都有剪纸艺人。

三、磁县剪纸

磁县现属邯郸市，古称“磁州”，春秋时为晋地，战国时归赵国。磁县北附古赵，东接邺城，南通殷商，西依太行，物华天宝，人杰地灵。据《磁县志》记述，磁县剪纸种类繁多，主要包括窗花、顶棚花、壁花、嫁妆花、供品花等，在县内的分布流传比较广泛，遍布全县各乡村，比较有名的有李庄、张扬庄，其中槐树乡张扬庄的剪纸比较集中，被誉为“剪纸村”。

四、无极剪纸

无极县地处河北省中部，东向平原，西倚太行，南邻滹沱，北望京畿。无极剪纸源于清末民初，当地很早就有每逢佳节或喜庆之日在窗纸贴窗花的习俗，风格受山西和天津杨柳青年画影响，后逐步形成独具一格的剪纸艺术。形式多样，题材丰富，古朴大方，纯真完美，作品大多图文并茂，妙趣横生，在继承传统风格的同时又被赋予时代特色。

五、三河剪纸

三河位于海河流域，地处京、津、唐“金三角”经济区域的腹地，位扼东北入京之要冲，与北京市接壤。三河剪纸的品类丰富，内容有花卉鸟兽、鱼虫珍禽、山水树木、亭台楼阁、戏曲典故、五谷杂粮、民俗生活。样式也多，有灯花、窗花、鞋靴花样、衣饰披肩、荷包坠带、枕头帕巾等。这些地地道道地伴随传统民俗风习而曾深受庄户人喜爱的花样，曾随着卖花艺人走街串巷的脚步，传遍河北省内外的无数城镇和村庄。这些作品更能体现传统民间剪纸的语言魅力和民众审美情趣的普遍本色。

第二节　采 集 过 程

一、采集路线

对河北剪纸艺术按地理区域划分进行全面考查、采集和数字化是首要目标。按地理区域与各地剪纸特色对河北剪纸进行分区域逐步考察，初步决定采集路线大致分四路进行。第一路是张家口的蔚县，采访地点主要集中在蔚县南张庄及县城附近；第二路是承德的丰宁满族自治县；第三路是邯郸的磁县，磁县剪纸在民间的分布比较散落，故采集时间在年节前后较好，地点主要定于剪纸艺人比较集中的区域；第四路是地处河北中部的三河、无极、保定、石家庄郊县等地，如表 3-1 所示。

表 3-1　河北剪纸采集路线及区域特色分布情况表

路线	地理区域	代表艺人	特　色
一路	蔚县剪纸	王老赏、周永明、任玉德、周广、陈越新	以“阴刻”和“色彩点染”为主，色彩鲜艳，仿“天皮亮”透明效果，以刻代剪
二路	丰宁满族剪纸	张冬阁、王德、石俊凤	以阳刻为主，阴刻为辅，批毛纤长，剪工精细
三路	磁县剪纸	张树梅、王文喜、郭梅芹	反映中国民间图腾崇拜和宗教信仰的传承，及当地民众的心理特征、生活追求和审美情趣
四路	三河剪纸	赵景安	品类丰富，有淳厚的民风民俗气息
	无极剪纸	杨素苗、牛士民	造型丰富，题材广泛，生活气息浓郁
	其他	内蒙古、滦南	题材多样，流传广泛

二、采集方法

为了能更有针对性地获得所需的剪纸艺术相关信息，以便采集行动能够顺利地按计划、按目的完成，主要采用了以下几种采集方法：

1. 访谈法

访谈法灵活性比较强、适用范围广、回复率高，容易和对方建立融洽关系。因此我们主要采取访谈法进行资料采集，包括笔录和录音。

2. 现场拍摄法

为了获得更多的信息，对剪纸艺术有一个更佳的认识与了解，我们采用了现场拍摄法，包括摄影和摄像，力求采集到剪纸的动态生成过程。

3. 文献资料查阅法

为了对采集到的资料做进一步考证和深入挖掘，了解其历史成因、文化内涵、民俗功能及其喻义等材料，必须采用文献资料查阅法对采集到的资料进行分析、整理、考证。

三、采集内容与成果

1. 采集内容

主要采集内容包括剪纸作品、剪刻技法、工艺流程、代表艺人、剪纸故事、剪纸工具、学艺故事、获奖情况、剪纸主题、剪纸应用、销售渠道、市场情况、国家及地方对剪纸艺术及艺人的保护政策，各地在经济转型期剪纸及从业人员的变化等。

2. 采集成果

经过历时两年多的河北各地资料采集与排查，共收集到剪纸作品几千幅，代表艺人资料几十份，剪刻工具多套，剪纸底样与著名艺人手稿多幅，拍摄及录制剪纸艺术生产工艺流程若干，剪纸故事、艺人逸事、民俗故事等若干，在后面章节会按地区一一介绍。这其中，包括很多珍贵作品和作为国礼的剪纸作品以及国家级工艺美术大师、非物质文化遗产传承人的资料。采集到的详细成果后面章节要做详细地分类与叙述，此章节从略。

第三节　数字化优化与处理

我们现场采集到的剪纸资料因为环境、天气、人员、技术等原因，会有很多不尽如人意的地方，如破损、掉色、失真、模糊、有透视、色彩不饱和、有曝光点等，所以对采集到的作品进行数字化优化和复原是首要任务，也是大量而烦琐的基础工作。

一、数字化优化

工作组人员采用 Photoshop、CorelDRAW、Fireworks 等图形图像处理软件对采集到的作品进行优化与处理，处理的关键点包括模拟复原、背景降噪、二值处理、透视纠正、清晰度纠正、色彩还原、统一分辨率等。由于上述软件都是普及率比较高的软件，这里不再详细介绍它们的图形图像优化处理方法及技术难点。

二、压缩与存储

本平台涉及大量的剪纸图形图像，大部分的剪纸图像均由数码相机、扫描仪等输入设备经数字化过程得到，其优点是分辨率较高、图像清晰，但缺点是所占存储空间很大。一般来说，一幅 A4 大小尺寸的剪纸经数码相机数字化后得到的 JPEG 格式图像文件（分辨率为 1900×1500）所占空间为 1.5～3MB。这样的图片在上传、下载、浏览时都会占用大量网络带宽，造成浏览、上传或下载的速度过慢，因此必须采用高效的压缩算法将原图像进行压缩。压缩图像的目的是在保证剪纸图像视觉效果的前提下，尽量减少图像的存储空间以达到较高的传输效率。因为剪纸图像大部分以线条形式为主，因此对图像本身的质量要求并不高，因此我们决定采用有损压缩的 JPEG 格式标准。

JPEG 作为一种图像压缩标准，以其优秀的压缩率和图像质量，广泛地被使用在互联网中，采用的是有损压缩格式，删除图像中重复或不重要的资料。图像被压缩后占用的储存空间小，但基本不影响图像在屏幕上的视觉效果，可以用最少的磁盘空间获得较好的图像品质，所以JPEG 图像格式是目前最流行的图像格式。JPEG 定义了两种压缩算法。一种是离散余弦变换（DCT），另一种是空间预测（DPCM）。DCT 算法偏重于图像的视觉效果，空间预测偏重于无失真编码。DCT 变换是一种应用广泛的数据压缩方法，具有良好的适用性，能广泛地适用于任何分辨率、多彩色方式、多个图像单元及连续色调的文本等。

平台的开发和应用中采用了 DCT 压缩算法，基于 Delphi 7.0 自行研发了一个图像压缩工具，可以实现图像的单个压缩和批量压缩，压缩率可以设置为 1～100 之间的任何数值，选择要压缩的图片，右侧窗口可以预览，指定压缩文件保存位置并选择压缩率后，点击“压缩”按钮即可对图片进行压缩，如图 3-1 所示。

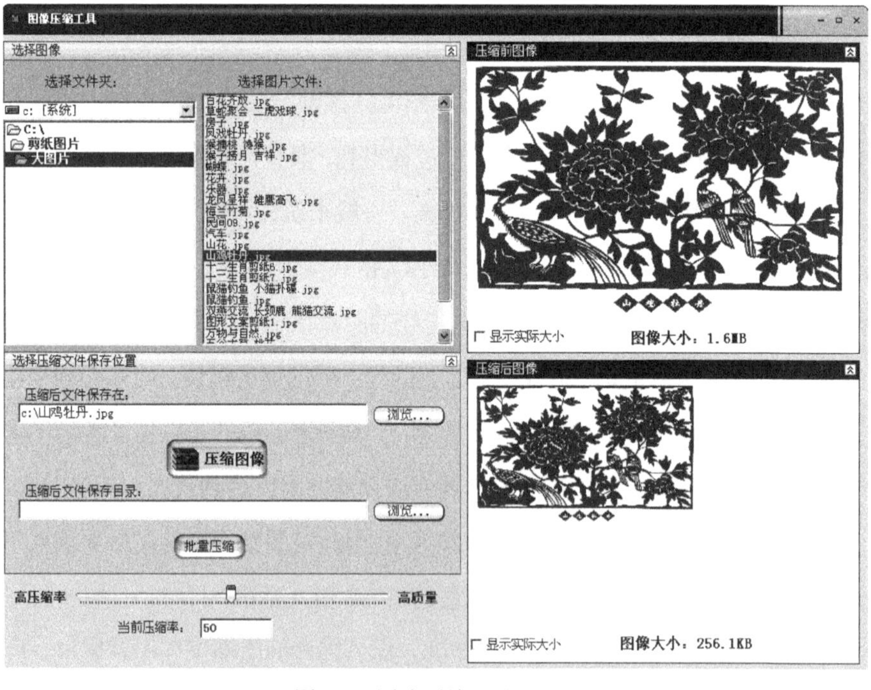

图 3-1　图片压缩工具

下面为压缩率和图像质量的比对实验：

压缩率为 50 时，1.6MB 的图像文件可以变为 256KB，并且在图像质量上基本与未压缩前没有分别，但存储空间却下降了 84%，如图 3-2 所示。

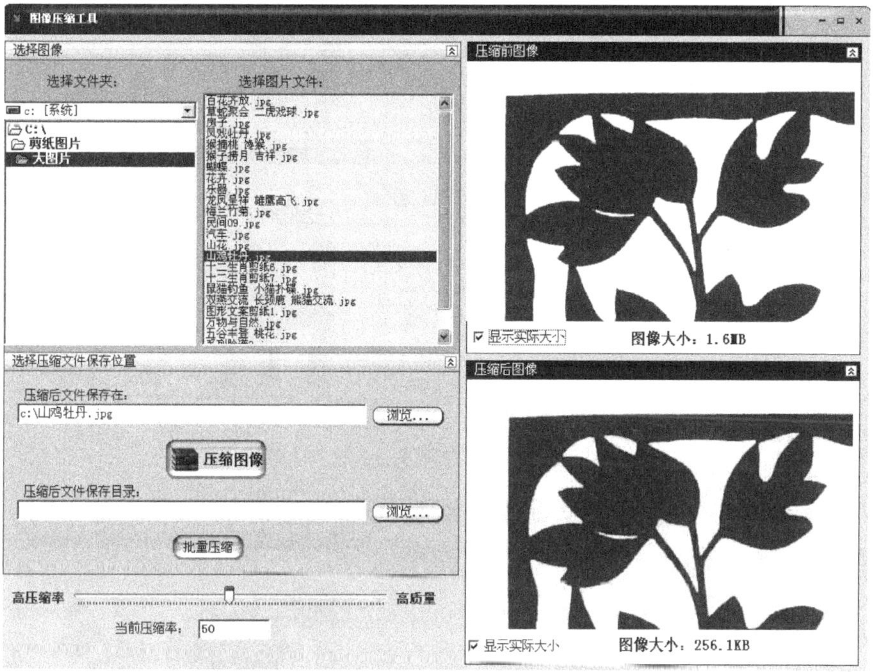

图 3-2　压缩率为 50 的对比效果

当压缩率为 30 时，1.6MB 的图像文件可以变为 192KB，并且在图像质量上与未压缩前基本没有分别（在视觉效果上），但存储空间却下降了 88%，如图 3-3 所示。

当压缩率为 10 时，1.6MB 的图像文件可以变为 113KB，但在图像质量上有一些失真，视觉效果不佳，存储空间下降了 93%，如图 3-4 所示。

在图像细节的对比上，截取图像同一部位进行对比，如图 3-5 所示。经过以上的实验可以看出，30～50 的压缩率既能保证压缩质量又可以获得较好的压缩效果。

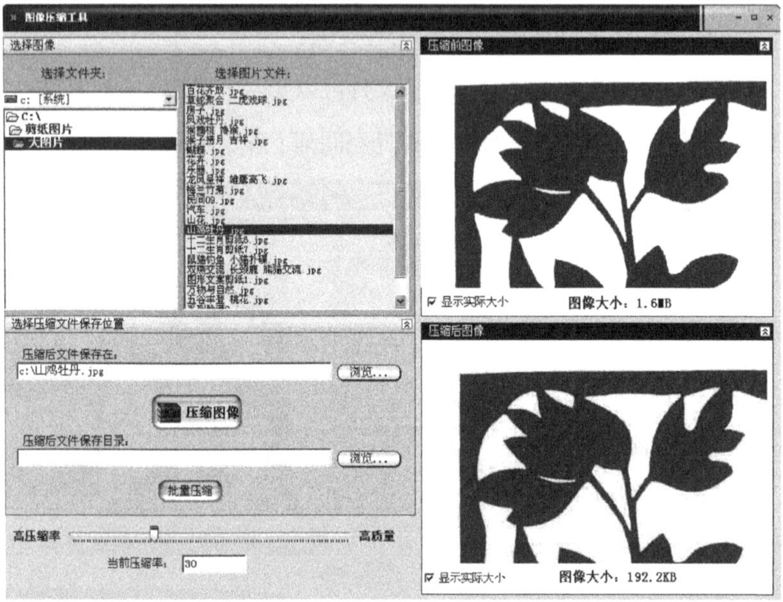

图 3-3 压缩率为 30 的对比效果

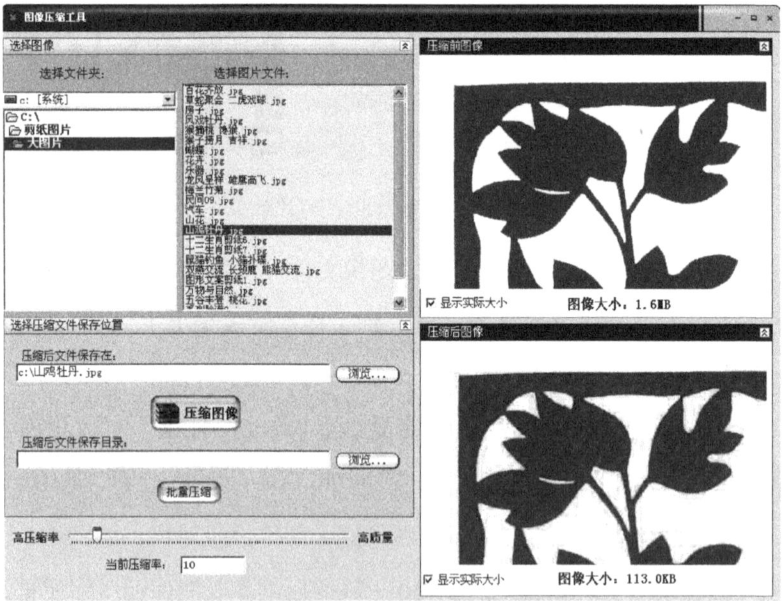

图 3-4 压缩率为 10 的对比效果

（a）原图（图像大小为1.6MB）

（b）压缩率选择50（图像大小为256KB）

图 3-5　原图像欲压缩后的图像细节对照

第四章 原始素材的分类与解析

第一节 分类方法的选择与确定

民间文化抢救和保护的工作前提是普查。普查包括摸清“家底”的调查和相关信息的整理，但整理的前提是首先要对其有一个科学的分类方法。

一、民间美术的分类方法

民间美术的分类，在学术界一直是一个颇受争议的话题。分类是学科研究的根本，是构筑百尺高楼的基础，但民艺界和民俗界一直缺乏一种通用的分类标准。2005 年 8 月，天津大学冯骥才文学艺术研究院主办的“民间美术分类研究会”上，民艺界和民俗界的专家摸索出了一种具有应用性和可行性的分类方法，即张道一先生的“民间美术二分法”。一种是“民间美术一般分类”，作为美术学的基础层次，将其纳入一般艺术学框架，与一般美术相比较，直接与美学相呼应。另一种是“民间美术应用分类”，该分类方法使民艺学相对独立，直接与民俗学相呼应。而这里的分类是对民间美术的大类进行的分类，即民间绘画、民间雕塑、民间建筑、民间书艺与民间杂艺等。没有对某一门类民间美术进行分类。不过这种“二分法”还是为民间美术建立了一种大概念上的、规范的、科学的、标准的、通用的分类方法。

二、剪纸艺术的分类方法

笔者所在工作组人员经过多方调查与深入研究，并结合课题的地域特征和实际需要，在张道一先生的民间美术二分法的基础又加上一种分类方法，即按地理区域分类的方法，形成了书中的三种分类方法：按地理区域分类、按题材内容分类、按民间应用分类。

第二节　按地理区域分类解析

按地理区域分类，河北剪纸包括蔚县剪纸、丰宁满族剪纸、磁县剪纸、三河剪纸、无极剪纸、内蒙古剪纸等。

一、蔚县剪纸

据史书记载，河北蔚县剪纸始于清朝道光年间，迄今已有200年的历史，是一种风格独特，在国内外享有盛誉的民间艺术。蔚县剪纸的制作工艺在全国众多剪纸中独树一帜。这是由于这种剪纸不是“剪”，而是“刻”。它是以薄薄的宣纸为原料，拿小巧锐利的雕刀刻制，再点染明快、绚丽的色彩而成。其基本制作工艺为：

设计造型——→薰样——→雕刻——→染色

蔚县剪纸是一种以阴刻为主的点彩剪纸，素以刀工精细、色彩浓艳而驰名，所谓“阳刻见刀，阴刻见色，应物造型，随类施彩”而成。蔚县剪纸在当地俗称为“窗花”，大部分出自世世代代不知名的农民艺术家之手，花样种类有戏曲人物、鸟虫鱼兽、戏剧脸谱、对农村现实生活的描绘等。这些作品构图饱满，造型生动，色彩璀烂，浑厚中有细腻，纤巧里显纯朴。

蔚县剪纸产品畅销美国、日本、加拿大、新加坡等 40 多个国家和地区，深受国内外客户的喜爱，并于 2006 年 5 月 20 日经国务院批准列入第一批国家级非物质文化遗产名录。

1. 特色题材

（1）戏曲人物。戏曲人物是蔚县剪纸中造诣最高、最受欢迎、最具特色的一个组成部分。蔚县剪纸里的戏曲人物有大小之分。蔚县的大戏曲人物剪纸画面上一般只有一个人，呈现的是演员在舞台表演时的一个姿态，对人物的神色、姿态、服饰都进行了极细致地刻画，人物活灵活现。各类戏曲人物经过蔚县剪纸艺人的不断加工、提炼，形象跃然纸上，男的威武雄壮，女的婀娜多姿，互不雷同，各呈风采。故事里的悲欢离合、人物的一颦一笑，均能表现得恰到好处。这些历史故事所宣扬的民族精神和品格，深受群众喜爱。过去农民读书少，不识字的多，窗花作品既是装饰，又是开展民族传统文化和美德教育的通俗教材。图 4-1 和图 4-2 展示的是蔚县剪纸的戏剧人物代表作品。

（2）戏剧脸谱。蔚县最具有特色的当属戏剧人物脸谱剪纸了。传统的蔚县剪纸中有戏剧人物，没有戏剧脸谱。戏剧脸谱剪纸是应当时日本友人向蔚县剪纸社定制戏剧人物头部剪纸而由蔚县剪纸艺人周永明创作的。其后经过 50 多年的发展，戏剧脸谱剪纸成为蔚县剪纸大花园中的又一精品和品牌。蔚县戏剧脸谱剪纸主要取材于晋剧中的角色形象，并强化了晋剧角色化妆色彩明快、鲜亮，线条简练、粗犷的特点，加上采用整脸、六分脸、三块瓦、十字门等近乎规整的图案花纹较多，而歪脸、碎脸较少，所以给人一种花而不乱、粗犷大方的感觉。

图 4-1　戏剧人物之曹国舅

图 4-2　戏剧人物之何仙姑

经过蔚县众多剪纸艺人的不断探索和完善，公认比较定型的戏剧脸谱剪纸有 100 多种，分别刻画出不同品性的人物形象——忠、良、奸、愚、美、好、恶、善、丑，个个表现得淋漓尽致、活灵活现，色彩绚丽、精美绝伦，代表作品如图 4-3～图 4-6 所示。

图 4-3　戏剧脸谱之蒋门神

图 4-4　戏剧脸谱之李逵

（3）花鸟鱼虫。花卉在蔚县剪纸中的数量极多。在蔚县人眼中，花卉不只是指各种花草和植物，也包括各种水陆动物。桃子、石榴、莲花、松、菊、竹、梅等被认为是瑞树花果，经常与灵兽或文字一起出现在各种民间剪纸图案中，利用其组合、谐音等体现了吉祥、喜庆的含义。据调查，蔚县花卉剪纸的花样达三四千种之多，飞禽走兽、花鸟鱼虫无所不包。植物以大桃、石榴、佛手、葡萄、莲花、藕、牡丹、菊花等为主，动物以小兔、小猫、小老虎、青蛙、梅花鹿、狮子、麒麟、凤凰、鸳鸯等出现得最多。而且，由于蔚县剪纸独特的点彩技法和精细的刀工，这些花卉在技术处理上极其讲究精雕细刻、着色鲜艳、对比强烈，格外明丽绚烂，呈现源于生活而高于生活的效果。

图 4-5　戏剧脸谱之关羽　　　图 4-6　戏剧脸谱之赵云

在规格上，蔚县花卉剪纸又分为大花卉和小花卉。大花卉贴在大幌窗两侧耳窗外面风窗上的大窗空内，小花卉主要供正面幌窗上的小窗空粘贴。大花卉图样分为双幅、四幅；小花卉分为四幅、八幅、十二幅，也有多达十六幅的。根据田野调查，这些花卉还借鉴了蔚县当地早期刺绣花样上的某些花卉样式，表明这两种民间艺术有一定的亲缘关系。

例如，蔚县剪纸艺人任玉德的剪纸作品蝶恋花就是把十种不同种类和色彩的蝴蝶与花卉作品合为一套。蔚县剪纸在花卉剪纸创作的多样性可见一斑，代表作品如图 4-7～图 4-10 所示。

图 4-7　大花鸟之喜鹊登梅

图 4-8　大花鸟之蝶恋花

图 4-9　小花卉之蝶恋花

图 4-10　小花卉之奇彩小花

2. 制作手法

蔚县剪纸是以阴刻为主、阳刻为辅的点彩剪纸，素以刀工精细、色彩浓艳而驰名。阴刻、阳刻根据染色与装饰的需要有机结合，雕刻中刀具有起有落，依照人物动势行刀，与人物动态相辅相成，得体流畅。色彩点染是蔚县剪纸的主要特点之一，故有“三分刻七分染”之说。欲着色必先设色，欲做好设色，需懂调色。染色时将点染、涂染、晕染、套染、渲染等技法有机地结合运用，具有鲜明的地方特色，给人以和谐大方的乡土气息感。蔚县剪纸的具体制作流程将在剪纸流程部分做详细介绍。

3. 代表艺人

蔚县剪纸艺人中最具代表性的有王老赏、周永明、任玉德等。

（1）王老赏。王老赏是蔚县剪纸从草创走向成熟时期出现的人物，是蔚县剪纸艺术空前的集大成者。在他手里，蔚县剪纸形成了作为一个独立剪纸艺术品派的独特风格。王老赏剪纸的艺术风格就是典型的蔚县剪纸艺术风格。王老赏是蔚县剪纸艺术开宗立派的人物，是一代蔚县剪纸艺人的优秀代表。王老赏作品的精髓在于贯气传神。王老赏的刀工技艺精湛，刻剪洒脱。而人物造型注重姿态传神、眉目传情、表里相应。王老赏对舞台人物内心的情绪和故事关键情节的把握到位，能通过人物的姿态动作、肢体语言，传达更多的人物内心的情感信息，使所塑造的人物活灵活现，自然得体。他在剪纸送银灯中塑造的侍儿（图 4-11）身姿袅娜，款款而行。人物的造型端庄秀丽、生动活泼，眼神和手势中透着几分俏皮和得意，宛然可以看出这个少年女子顾盼自喜的情怀。道具蜡烛微倾，衣穗微微飘动摇曳，与少女的自喜情怀相得益彰，精确地揭示了她的内心世界。我们看到的是有血有肉、有情有志、喜怒哀乐、性格鲜明的人物形象。

图 4-11 送银灯中的侍儿

（2）周永明。周永明的剪纸的构图洒脱，翼以临风，极力追求在外轮廓的烦琐复杂中体现人物的飘逸和灵动。他将画面上的所有道具都赋予生命，无论是头冠上复杂、众多的装饰，还是戏袍、衣袖、令旗、旗穗、羽翎，都随人物的动势而动，严谨洒脱，翼翼临风。周永明继承了王老赏以传神为宗旨的造型艺术传统，善于抓住人物富有戏剧情趣和性格特点的某一稍纵即逝的灵动姿态，使作品更显龙飞凤舞之势。加上构图的繁密、刀工的细腻，使作品在塑造上凸显工整细腻、生动传情的风格特征。比之王老赏，周永明的剪纸则更显得精雕细刻。周永明用脸谱图案画出人物的精神骨架，尤其注意刻画人物的眼睛。

例如，他的戏剧人物脸谱剪纸孙悟空（图 4-12）中，孙悟空圆溜溜的火眼金睛体现着孙悟空的顽强与泼辣。

图 4-12　孙悟空

（3）任玉德。任玉德的剪纸艺术形象在造型上继承了王老赏剪纸神形兼备的优点，在生动性、趣味性、性格化、幽默感等方面均有所发展。任玉德的剪纸尤其注重在人物（包括动物）的脸型和眼神的刻画上下功夫，他创作的人物各具情采。任玉德最拿手的是小动物形象，猫、狗、猪、牛、鸡、兔、老鼠、猴子、熊猫的形象简直达到出神入化的地步（图 4-13），足可与韩美林的小动物画并驾齐驱。例如，他的剪纸喜鹊登梅中的喜鹊那仰喙高叫的姿态，好像连喳喳的叫声都透纸而出了。

图 4-13　牧童情趣

二、丰宁满族剪纸

河北省丰宁满族自治县地处塞北。民间流传的丰宁满族剪纸始于清代康熙年间，至乾隆年间形成了具有地域特征与民族特色的新颖风格，以阳刻为主，阴刻为辅，批毛纤长，剪工精细。在我国众多民间剪纸之中，丰宁满族剪纸以其特有的艺术魅力占有一席之地。1993 年，丰宁满族自治县被文化部命名为“中国民间剪纸艺术之乡”。

丰宁满族剪纸的题材多来自当地的满族民俗，有葫芦表、“福”字、花鸟、人物、动物等。中华人民共和国的成立给丰宁民间的剪纸带来了生机。1952 年，辛孟氏创作的斗地主分田地、送子参军、夫妻识字在热河省民间艺术检阅大会上获奖，有 20 幅丰宁满族剪纸载入《热河省窗花选》。1957 年文化工作人员在民间搜集剪纸作品 1500 余件，1961 年整理出一册《丰宁民间剪纸资料集》。1973 以后，丰宁满族自治县文化馆对民间剪纸艺术进行了紧急抢救，到 1981 年搜集整理剪纸作品 2000 余种、近万件，分类造册存档。同时，他们还为 30 名剪纸艺人建立了档案。为使这项民间技艺后继有人，丰宁满族自治县文化馆还聘请老艺人王德、郝焕书为师，培训了 20 多名新秀。1984 年，剪纸老艺人王德和满族女青年石俊凤随河北民间艺术团赴美国佛罗里达州奥伦多市“迪士尼乐园”做了为期一个月的剪纸表演,为祖国和家乡赢得了荣誉。此后，丰宁满族剪纸一鸣惊人，打出深山，在全国优秀剪纸中占据了一席之地。

1. 题材

丰宁满族剪纸的题材广泛，花鸟鱼虫、树木山石、劳动生活场景皆有，其中以花鸟鱼虫最常见，美丽的蝴蝶、活泼的小鹿附以树枝和小草，极其生动。梅、菊、兰、牡丹等也常常入画，并与文字相结合，表达了人们的思想感情。神话故事、戏剧人物也是丰宁满族剪纸较常见的题材。丰宁戏剧人物剪纸与蔚县的戏剧人物剪纸风格不同，丰宁戏剧人物剪纸多为单色剪纸，剪纸的外轮廓多采用长直线或大弧度处理。图 4-14 和图 4-15 展示的是丰宁满族剪纸的代表作品。

图 4-14　端阳葫芦

（a）旗坤娃

（b）桦皮萎

（c）蓄针扎

（d）男便帽

图 4-15　满乡风情剪纸

2. 制作手法

在制作手法上，丰宁满族剪纸多采用阴刻为主、阴阳结合的手法，整个画面界线分明、玲珑剔透、色彩绚烂、艳丽夺目。剪刻手法细腻、精到，线与面的处理错落有序、聚散得当，劈毛纤长匀称。丰宁满族剪纸的刻制工艺要求严格，行刀流畅有力，剪纸多有金石雕刻之感。

丰宁彩色剪纸的设色原则与着色技法均与蔚县剪纸不同。丰宁满族剪纸的着色以原色为主，间色、复色是色彩在染色过程中自然渗化得到的，没有镂空的隔色线，所以色彩的过渡自然舒畅、一气呵成，常带有梦幻倾向。丰宁染色剪纸在设色技巧上借鉴了天津杨柳青年画和武强木版水印年画的诸多营养，形成了自己特殊的审美情趣。色彩使用以红、绿、蓝、黄为主，大多以红或绿为主调，又以蓝、黄为点缀，颜色边缘相互渗透使画面显得含蓄而浑厚。丰宁满族剪纸在染色后还要笼屉熏蒸，水气的浸入和加热使颜色能更多地渗透到下层剪纸上，又能使颜色充分地渗入纸张，剪纸色彩因此而显得浓重、透明、艳丽（图 4-16）。

图 4-16　满乡彩色剪纸之四季平安——蒸染上色

3. 代表艺人

（1）张冬阁。丰宁满族剪纸最具代表性的艺人当属张冬阁了。张冬阁为丰宁满族人，擅长满族风情剪纸。例如，他的满族风情剪纸系列中的剪纸百年好合（图 4-17）中的新郎、新娘着旗装，执手相对。新郎侧过脸，新娘低着头，表现出了新婚夫妇间的亲昵、含羞神态。两人中间有一满文“喜”字，在表现内容上起到了画龙点睛的作用，在艺术处理上起到了连接的作用，形成了画面的紧凑性和完整感。

图 4-17　百年好合

（2）石俊凤。丰宁满族剪纸艺人石俊凤的剪纸同样具有代表性。石俊凤的剪纸大多取材于民间民俗，内容既有人物风情和传统故事，又有动物、花鸟、风光（图 4-18）。创作手法多用单色表现，以劈毛纤细均匀、线条流畅自然见长，许多作品采用阴阳结合、点面相衬的表现手法，构图疏密得当，均衡质朴，具有较强的视觉冲击力和艺术感染力。

图 4-18　承德风光

三、磁县剪纸

磁县剪纸历史悠久，流传区域广，群众基础雄厚，有浓厚的乡土气息。蔚县剪纸从产生到成熟都与商业运作息息相关，可以说是商业的产物。磁县剪纸则不同，流传过程中几乎没有商业的参与，是一种物承文化现象，只是限于民间供妇女们自娱自乐，因此仍保持着乡村妇女自剪自娱的创作状态，存在较少的模式束缚。尽管磁县剪纸也是求工刻意，但更多了一些自由自在的“生机”。

根据笔者田野调查的结果来看，磁县剪纸反映的是中国民间图腾崇拜和宗教信仰的传承，并且反映了当地民众的心理特征、生活追求和审美情趣，具有典型的民族渊源和原始文化特征的活证。因此磁县剪纸更具有剪纸艺术的本质特征。磁县剪纸体现了冀南地区的民俗风情和深厚的历史文化底蕴。磁县剪纸艺术特别讲究日常生活情趣，是劳动妇女生产、生活、情感、观念、民俗和传统的真实反映，在题材上多选与女人情感有关的主题，材料也多用红纸，有时配以其他颜色的单色纸张。磁县剪纸一般采用剪刀剪裁或镂刻而成，常见品种有人物、花卉、草木、鸟兽、虫鱼等，造型质朴，生动有趣，具有独特的民族特色和民间地方风格。

1. 题材

磁县剪纸体现了冀南地区的民俗风情和深厚的历史人文底蕴，具有浓郁的地方特色。磁县剪纸多源于生活，作品特别讲究日常生活情趣，是劳动妇女生产、生活、情感、民俗和传统的真实反映。在题材上，磁县剪纸多选与女人情感生活有联系的主题，如花卉、动物、戏剧等。这些题材饱含生育爱恋或与女人相关的传说故事，代表作品如图 4-19～图 4-22 所示。

图 4-19　怕老婆顶灯

图 4-20　生肖猴

图 4-21　二十四孝故事之鹿乳奉母

图 4-22　二十四孝故事之扇枕温衾

2. 制作手法

磁县民间单色剪纸主要采用阴阳结合的镂剪方法。在花卉题材中，花茎、枝条常采用阳刻剪去空白部分，保留茎、枝轮廓，使枝条显得流畅、清新、玲珑细致；在花卉或叶子的刻画中则采用阴刻，剪去表面花卉、叶子结构的轮廓线以及装饰性线条，如图 4-23 所示。这种在大的块面中表现线条的方法，使磁县剪纸作品显得厚重、结实，有一种强烈的黑白对比感。

磁县的染色剪纸作品在设色上与戏剧脸谱用色有千丝万缕的联

系——染色剪纸设深、浅绿色。这样既避免了色彩和画面层次的单调，又因绿色与红色的补色关系，使得磁县染色剪纸的颜色鲜艳、透明，在色彩上达到完美。在染色技巧上，磁县染色剪纸多采用渗色处理。不管是黄色遇到红色，还是红色遇到绿色，染色中色彩都会沿着纸的纹理相互渗化。另外，在“色”与“形”的关系上，磁县剪纸并不是严格的“以色扶形”，而是颇具“写意”的味道。例如，已故剪纸艺人张树梅先生的花卉剪纸作品由花卉和猫组成。花茎为绿色，但染色时并没有严格按照花卉的生长结构赋色，而是写意般地点染了黄色和绿色。随着两色的渗化，形成自然粗犷的艺术效果，如图 4-24 所示。

图 4-23　阴阳结合的凤戏牡丹

图 4-24　花卉（染色剪纸）

3. 代表艺人

（1）张树梅。磁县剪纸艺人张树梅在磁县剪纸中占有很重的分量。她擅长花鸟、走兽、戏剧人物和民间传说等传统题材的剪纸。她的剪纸作品由剪刀剪刻而成，造型粗犷，线条粗壮有力，具有木质雕琢之美，是典型的北方剪纸风格。尽管画面粗犷，但在细节处理上却惟妙惟肖，眉眼刻画生动传神，人物动作处理自然流畅，她的作品显得祥和平静，如图 4-25 所示。

图 4-25　花卉染色剪纸

（2）王文喜。磁县剪纸艺人王文喜老人剪出的人物则以饱满的形象、优美的线条展现在人们面前（图 4-26）。更有后起之秀郭梅芹，她剪下的十二生肖惟妙惟肖、逼真可爱。

图 4-26　天河配

四、无级剪纸

无极剪纸造型丰富、题材广泛、生活气息浓郁，在冀中民间艺术中占有重要的地位。明末清初，无极剪纸开始盛行。每逢节日、婚礼，人们都用剪纸这种朴实的艺术形态表达情感。中华人民共和国成立后，无极县的剪纸艺术取得了较快的发展。全县 200 多个村庄，村村都有剪纸艺人。在无极县的剪纸艺人谱系中，传统艺人李荣姐的传承已到第六代。新晋艺人牛士民的技艺也得到发展。剪纸的技法和材料也得以扩充。杨素苗、牛士民等无极民间艺人还不断对传统剪纸方式进行创新，创造出叶剪、革剪、布剪等 10 多个剪纸品种的作品。

1. 题材

无极剪纸的题材多样、造型丰富，其中的人物系列个性鲜明、花鸟系列栩栩如生、民俗系列更是到处透着原汁原味的乡土气息。无极剪纸的题材中，花鸟鱼虫、珍禽异兽、十二生肖（图 4-27）、神话传说、各类人物、蔬菜瓜果及生活所见，世间百态，无所不取，无所不剪。这种简单、质朴、随心所欲或许恰恰是艺术的灵魂。

2. 制作手法

无极剪纸主要以宣纸为原料，属于单色剪纸。剪纸的主要工具有剪刀和刻刀两种。由于用剪刀剪受工具和材料的限制，所以很多剪纸采用刀刻的方式。无极县具有地方特色的“色纸”就是利用刻刀刻制后，再用各种颜料灌点而成。无极剪纸在旧时大部分用纯一色的大红纸为原料。随着时代的发展以及人们审美观念的提高，剪纸所用的材料和色彩也由单一性向多元性发展，剪纸五颜六色，不仅有黑白套色的，还有刻金彩衬的，鲜艳夺目，再加上形态各异的造型，深受广大群众喜爱。

图 4-27　老虎嗒蝴蝶

3. 代表艺人

无极剪纸艺人杨素苗的剪纸最能代表无极剪纸的特色，她的艺术风格朴实而大方，真实而浪漫，神奇而有诗韵。她以粗细结合、阴阳交替的艺术手法，展示了刚柔相济、朴实优雅的艺术魅力。其作品于浑厚之中见洒脱，淳朴之中见秀美，刚劲之中见柔和，大方之中见细腻，达到了静与动、虚与实、平与奇、拙与巧的和谐统一，富有强烈的诗意，给人以美的享受。其作品如图 4-28 和图 4-29 所示。

图 4-28　玩花灯之鸟灯

图 4-29　玩花灯之虎灯

五、三河剪纸

三河赵景安老人祖传有一批刻纸花样。其内容有花卉鸟兽（图 4-30）、鱼虫珍禽、山水树木（图 4-31）、亭台楼阁、戏剧典故、五谷杂粮、民俗生活。样式也多，有灯花、窗花、鞋靴花样、衣饰披肩、荷包坠带、枕头帕巾等。

赵景安的剪纸以英雄人物、戏剧中的角色为主，剪纸中人物的每根发丝、胡须，根根分离，却不断线，做到了千刻不落、万剪不断。人物的性格通过五官刻画细腻传神。

图 4-30　（鹿）合（鹤）同春（柳）

图 4-31　鸳鸯戏水

六、其他区域

1. 滦南剪纸

滦南剪纸是多民族文化艺术交融的结晶。由于滦南地处华北与东北衔接的咽喉要冲，加上北方多年战争频繁，因此自古以来这个地方的人口流动性很大，并且是多民族交融，各民族文化也得以在此地交流、融汇和发展。剪纸艺术也当然地烙上了各民族交融的鲜明印痕。例如，乐刘氏剪的花盆雕纹能找到较典型的满回文字图形，也能找到和出土的辽代四喜花瓶上相吻合的非常生动的三撇花饰。再如，生命树下的动物大多是各不同民族的图腾崇拜。滦南剪纸里已发现的有象、猴、驴、羊、牛、免、猪 7 种动物，留下了民族交汇的痕迹。滦南剪纸的代表作品如图 4-32 和图 4-33 所示。

图 4-32　连生贵子

图 4-33　福寿双全

2. 内蒙古剪纸

河北的西北部与东北部有很多县是蒙古族聚居地区，那里的蒙古族人的剪纸风格单纯质朴，古拙而健美，富有草原的乡土情趣。

内蒙古剪纸（图 4-34、图 3-35）的题材多具蒙古族的民族特色，展现了草原儿女的生活，那些盘长、卷草、花鸟和云卷的剪纸常常用于衣袖服装、靴子和毡绣门帘、绣花毡的贴花等作为刺绣贴花的底样，在表现上注重大的轮廓，造型简练，拙中见巧，剪、刺相兼，别具一格。花边装饰也是剪、刻的一种形式，可以独立存在，也可以单幅刻纸的装饰。有的是规格对称的二方连续图案，以纸的中心对折线为轴线，只起半面稿，然后对折起来剪刻。连续图案多是属于对称图样的反复连续，这种花边也叫作“折叠剪纸”。

图 4-34　蒙古舞

图 4-35　牧人情趣

第三节　按题材内容分类解析

按题材内容分类，有人物剪纸、动物剪纸、花鸟剪纸、风景剪纸、十二生肖剪纸、民俗故事剪纸、戏剧脸谱剪纸、现代剪纸等。

一、人物剪纸

人是社会活动的主要角色，在各种艺术形式的创作中，人物活动的千姿百态成为艺术家捕捉和塑造的艺术形象。剪纸艺术也不例外。人物剪纸着重通过鲜明的艺术手法，表现人物的身份和性格。领袖人物的高大、威严，老百姓的平和、朴实，英雄人物的英武、神勇，反面角色的尖酸刻薄等都淋漓尽致地展现出来，如图 4-36~图 4-39 所示。

图 4-36　平安童子

图 4-37　如意童子

图 4-38　满乡风情

图 4-39　兜风去

二、动物剪纸

剪纸题材中的动物形象的寓意是多方面的。某种动植物或无生命的自然现象被尊为氏族的图腾加以崇祀，剪纸成了自然物的替代，由此民间剪纸造型的观念达到了抽象的极致，多种动植物相组合的图形就不断被创造出来。鱼戏莲、猴吃桃、兔儿闹白菜、老鼠吃南瓜、蝴蝶扑莲瓶、凤凰戏牡丹等千百年来世代传承的民间美术与剪纸图案都暗示着生殖崇拜、图腾崇拜、男欢女爱、多子多福的美好寓意。代表作品如图 4-40～图 4-44 所示。其中的凤、鱼、老鼠都象征男性，牡丹、莲等都象征女性。

图 4-40　凤戏牡丹

图 4-41　鱼儿咬莲

图 4-42　鱼儿钻莲

图 4-43　老鼠吃葡萄

图 4-44　鸡鸣富贵（吉祥如意的象征）

三、花鸟鱼虫剪纸

剪纸艺术以其独特的图案美化生活，受到广大群众的喜爱，尤其是花鸟剪纸图案造型，运用范围更加广泛，涉及生活的各个领域。例如，墙饰、窗花、礼花甚至可以当作单独的艺术品。代表作品如图 4-45 和图 4-46 所示。

图 4-45　小花卉蝶恋花

图 4-46　小花卉鸟语花香

四、十二生肖剪纸

中国自古以十二种动物与十二地支相配合记年，子为鼠，丑为牛、寅为虎等，在哪一年出生的人就以哪一年的动物为自己的属相，因此总称为“十二生肖”、“十二属相”或“十二属”。十二生肖动物形象的排列在东汉时便趋于完善并在民间普遍流行。用十二生肖动物来记述天象历法的年、月、日到今天仍然在沿用。十二生肖还与人的凶吉祸福及诸般命运联系起来，与自然物候联系在一起，反映了民众对生辰崇拜的延续，体现出人与动物特有的情感，如图 4-47 所示。

图 4-47　十二生肖之子鼠

五、民俗剪纸

剪纸是扎根民众之间，与人民生活紧密关联，为千家万户增色添喜的一种民间艺术形式。剪纸是一项重要的民俗活动，而丰富的民俗事项则为剪纸提供了自由驰骋的广阔创作天地。民间剪纸与各地风俗习惯密切结合，蕴含着民族精神和民族心理的基本素质，是民族传统文化的有机组成部分。举凡岁时节令、居住、服饰、诞生、成年、婚葬、寿筵，都在剪纸中得到了反映。例如，年节贴挂笺、窗花、炕围花、墙围花、顶棚花、二月二贴剪刀、端午节贴葫芦、蜈蚣等，以期消灾灭虫、保有五谷丰收。

图 4-48 中，葫芦的腰下部饰一个虎头，是简化的艾虎；腰上部有一只蝎子，象征吸收的五毒。葫芦后面的七星宝剑表示截菖蒲充当利剑，体现出人们对日常生活平安无恙的良好愿望。

图 4-48　端午剪纸——艾虎葫芦

六、戏剧脸谱与人物剪纸

1. 戏剧脸谱

戏剧脸谱在刻画上舍弃了真实的人物五官及面部细节，采用了“遗貌取神、离形得似”的艺术方法，旨在揭示人物的精神气质。例如，杨延昭（杨七郎）的脸谱（图 4-49）是在脑门上草书一个“虎”字，鲜明地揭示出他勇猛的性格。王彦章的脸谱上画一个蛤蟆，揭示出他是一个水内贼。姜维的脸谱（图 4-50）是在脑门上画一个“太极图”，表现他除了具有忠正的性格外，还精通阴阳八卦。再如，张飞和项羽虽然都威风凛凛、叱咤风云，但他们的性格却有差异。张飞乐观、顽皮、鲁莽中透着几分天真，因此他的脸谱是一副笑脸；项羽则残暴、刚愎自用，最终自刎乌江，因此他的脸谱是一副哭脸。一个笑脸，一个哭脸，揭示了两个人物的精神世界及性格特征。

图 4-49　杨延昭的戏剧脸谱

图 4-50　姜维的戏剧脸谱

2. 戏剧人物

戏剧人物剪纸的内容多为人们喜闻乐见的民间故事、民间传说和各种地方戏剧等故事题材。其剪纸艺术造型独特，手法多样，各地剪纸阴剪阳镂兼施，既有折叠又单色，也有彩色点染、衬色等形式，匠心独运，成为中国剪纸的主要流派。戏剧人物剪纸的装饰性强，强调画面的故事性与完整性。典型作品如图 4-51 和图 4-52 所示。

图 4-51　天河配中的牛郎织女

图 4-52　六月雪中的窦娥、蔡婆

七、现代剪纸及其他

现代剪纸的开幅、剪刻技巧、表现题材、应用范围乃至艺术品位都较过去有了巨大的发展和变化，已经成为独具特色的艺术和工艺品类。但它的根始终深植于民间的沃土之中，是具有深厚文化底蕴的民间艺术。图 4-53 所示的现代剪纸鱼戏莲的装饰韵味非常浓厚。

图 4-53　现代剪纸鱼戏莲

第四节　按民间应用分类解析

民间美术的产生与发展都源于生活的直接需要。生活事项越多，美术的种类越繁，很多民间美术形式都是应民俗活动的需要而产生的，剪纸也是如此，主要有人生礼仪剪纸、传统节日剪纸等类型。

一、人生礼仪类剪纸

1. 多子多福的诞生礼仪剪纸

诞生礼仪在旧时包括求子、怀孕、贺生、百岁、周岁等。旧习俗以多子为福，婚后多年不生育和没有生男孩就要有求子的举动。求子的方法有很多种，其中一种就是在年轻夫妇的居室内张贴求子的剪纸。求子的剪纸图案多样。妇女在育儿的过程中常常剪制一些作品，表现她们对小孩的深爱与希望。有一种“比娃娃”的题材，所表现的是把小孩攀在胳臂上，比比谁的孩子长得好。典型作品如图 4-54 和图 4-55 所示。

图 4-54　爬娃娃

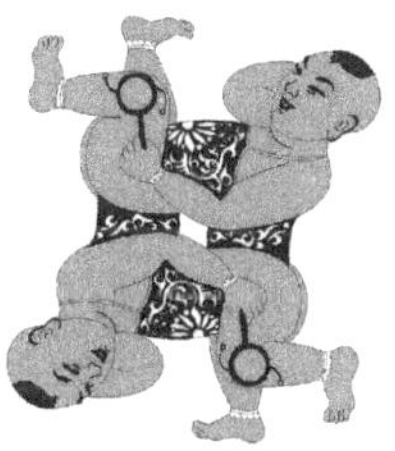

图 4-55　四喜娃娃

2. 幸福美满的婚礼剪纸

婚礼剪纸又叫喜花、礼花，有的也叫喜字花、嫁妆花。婚礼的画面喜气洋洋，大红的图案出现在各种场合。婚俗是人生中最重要的喜庆礼俗，有关喜花的剪纸为数众多。典型作品如图 4-56 和图 4-57 所示。

图 4-56　瓜蝶连绵（扣碗花）

图 4-57　心心相印（喜花）

3. 长命百岁的寿礼剪纸

为老年人祝寿的仪式各地不同。大致是平民百姓家的亲友相聚，一起吃一顿长寿面，贴起寿窗花，说些吉庆的话使老人的心情愉悦。有钱的人家举动大一些，要在家中布置寿堂，亲戚朋友送寿礼或寿账。祝寿的那一天，老人到寿堂中端坐，接受晚辈的跪拜。更气派的还要请艺人到家中唱堂会，十分热闹。寿礼中的剪纸重点是寿堂中的大幅剪纸。这样的大幅剪纸挂在寿堂的正中，来拜寿的看到了寿星，也就看到他背后的那一幅喜气洋洋的剪纸。剪纸的内容与祝寿的活动直接相关。代表剪纸如图 4-58 所示。

图 4-58　福禄寿喜

4. 表达哀思的丧礼剪纸

高寿的老年人平安出世，俗称喜丧或白喜事。喜丧是把丧事当成喜事来办，与生前庆寿一样，仍要突出喜庆的气氛。典型的丧礼剪纸如图 4-59 和图 4-60 所示。

图 4-59　表达哀思的葬礼剪纸

图 4-60　表达哀思的送老鞋样

二、传统节日类剪纸

1. 年节剪纸

过年期间，剪纸处处可见，主要的形式是窗花和过门笺。过年的窗花和过门笺以喜庆吉祥为主调，兼有辟邪镇灾的内容，如图 4-61 所示。

图 4-61　聚宝盆（春节剪纸）

农历正月十五为元宵节，因为这个节日中人们的主要活动是看灯、赛灯，所以民间也称之为灯节。灯花剪纸有两种。一种是城镇中走马灯上的花，另一种就是孩子们提的小灯笼上的灯花。走马灯一般有四个或六个面，每个面上贴一幅剪纸，灯笼点燃后，外罩不停地转动。而以闹元宵为题材的剪纸，则把元宵节的场景再现于窗上、墙壁上，把过节的欢快心情常留在生活中。元宵灯会是灯的世界、剪纸的海洋。那戏剧故事、神话传说的人物剪纸，那花鸟鱼虫和吉祥图案的花样，是集中了各乡镇有名的剪纸能手的优秀作品，形式多样，内容丰富。图 4-62 所示的舞狮舞龙剪纸是有代表性的元宵剪纸。

图 4-62　舞狮舞龙（元宵剪纸）

2. 端午节剪纸

农历五月五日为端午节，简称“端午”。有的地方以五月初一为“小端午”，五月五日为“大端午”。五月是入夏的日子，各种疾病开始多起来，故端午节的活动中辟邪除灾的内容很多。这一天，贴剪纸的重点地方在大门，但又不限于大门。大门上仍要贴一对黄牛，有的还要在牛身上书写文字“我是天上老黄牛，专到人间吃忧愁”。旧时的端午节剪纸一律用黄色剪纸，近年多改用金纸、银纸，有时也用红纸，但张贴时多在下面衬一张黄纸，重在避邪。与春节剪纸的大红大绿明显不同，这些剪纸大多表现多福多寿、富贵有余、人丁兴旺的吉祥寓意图案，反映了人们祝福平安、祈求美好的愿望。图 4-63 和图 4-64 所示是典型的端午节剪纸。

图 4-63　艾虎（端午节剪纸）

图 4-64　剪五毒（端午节剪纸）

3. 七夕剪纸

农历七月七日俗称“七夕”，又称“女儿节”“乞巧节”。这一天最热闹的活动是白天用苇席搭一处“巧棚”，棚中陈列少女们自己制作的各种物件，如绣品、纸品、衣物等。这其中，剪纸作品最多，而所选的都是个人的得意之作，可以说是一村一镇的剪纸精品展。巧棚开展时，门口常有两个人玩斗鸡，用以招徕观众。斗鸡用大红纸分头、身、尾三部分剪出，贴在硬纸上再剪出轮廓，用线将三部分连吊在一起，两人相对而立，各持一只在手，拉动吊线，两鸡即做斗争状，跳跃翻飞，引人发笑。到夜晚，少女们在巧棚里对坐拍手而歌的歌谣里也多有关于剪纸的内容，他们称剪纸为“抠花”。图 4-65 和图 4-66 所示为七夕剪纸的代表作品。

图 4-65　鹊桥会（七夕剪纸）

图 4-66　七夕乞巧

第五章
典型纹样的分类提取与矢量化

对采集到的原始素材进行典型图符纹样归类、提取与数字化，建立典型图符纹样的“基因信息”数据库，形成具有特色的民间艺术图形语言系统，然后建库检索，借助网络平台查阅共享，将其运用到现代设计与剪纸艺术重构与创新应用中去，是关键的技术和创新之一。

第一节 典型纹样的分类

纵观所有剪纸作品，不管是动物、人物、花鸟鱼虫还是建筑、风景、生产工具，也不管是鸿篇巨作还是小花小卉，都离不开一些特有的纹样。也恰恰是这些特有的纹样才是剪纸艺术的精华、独有语言、本质特征。他们有极强的概括力和装饰性。在此，将其归纳如下。

一、常见纹样

普通流传的纹样有云纹、水纹、月牙纹、朵花纹、锯齿纹、带状文、凹凸纹、金钱文、涡状纹等。

1. 云纹

图 5-1 云纹

云纹主要有行云、朵云、团云、云气等。行云是朵云、团云被风吹动后才产生的，有云头云尾，云头绵绻，云尾飘动；朵云是比较静的云纹；团云的形状是朵云、行云的综合形状。云纹的式样如图 5-1 所示。

2. 水纹

水纹多在配景或以景为主的剪纸中出现。水纹的形式很多，有平静波纹、浪花、水珠等。水流动产生波纹，微波荡漾，像游丝一样给人以波光闪闪的感觉，有时起起伏伏，有时波涛汹涌。水旋以小卷为轴心连线成圈圈，层层放大。表现静水要板滞，表现活水要活跃，简而不空，繁而不乱。水纹的式样如图 5-2 所示。

图 5-2　水纹

3. 朵花纹

朵花纹是一种图案式的小花头，通常为梅花、桃花、菊花等。大一点的可按花瓣分层加以表现，小点的可三瓣五瓣，有的甚至几乎缩成一个点，多用在动物、花草、人物和器物图案的点缀方面，是塑形象不可缺少的纹样。朵花纹的式样如图 5-3 所示。

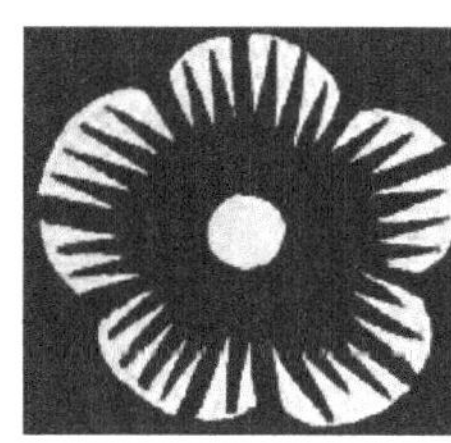

图 5-3　朵花

4. 月牙纹

月牙纹是一种弯曲的宽窄、刚柔、长短不一的呈现月牙形的纹样。一般都是阴剪，呈短而灵便的线条，用来表现整个事物的形象。例如，衣纹和运动感等用几条交列的月牙纹就显得很有装饰性，在剪制时要有意识地强调它来增强作品的艺术。月牙纹的式样如图 5-4 所示。

图 5-4　月牙纹

5. 锯齿纹

锯齿纹是指两条直线相交形成锯齿状纹样，有长短、粗细、疏密、曲直、刚柔之分。用坚硬长短的锯齿纹表现树叶的边角和茎的针刺；用柔和的锯齿纹表现水灵灵的花与果；用刚健的锯齿纹表现动物的鬃毛；用圆实半弧形粗细的锯齿纹表现禽、鸟、鱼、虫的羽毛和鳞甲；用灵活疏密的锯齿纹表现人物的眉毛、胡须、飘逸的头发和服饰上的皱褶等。其剪法为，如果在内部，先在尖处开一长口，然后开剪，剪时要注意根尖之间的距离相等；如果在外部，就随着外形剪。锯齿纹的式样如图 5-5 和图 5-6 所示。

图 5-5　锯齿纹

图 5-6　锯齿毛刺

6. 凹凸纹

凹凸纹常用于戏剧人物的衣边和衣袖的装饰纹样，也用于窗棂的装饰。凹凸纹的式样如图 5-7 所示。

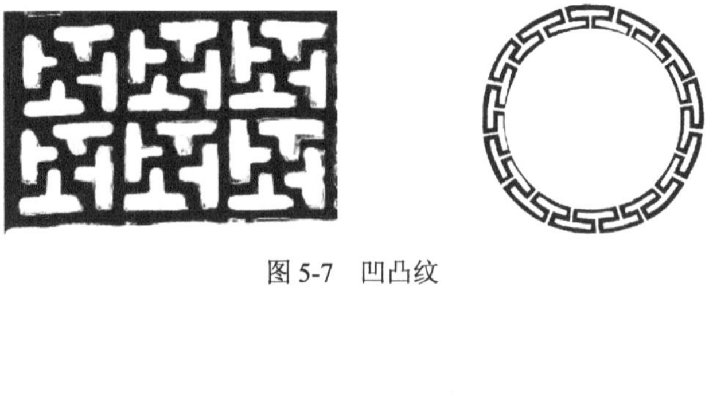

图 5-7　凹凸纹

7. 金钱纹

图 5-8　金钱纹

金钱纹模仿铜钱等古钱币的造型。根据需要，这种纹样可以进行变形，也可作为花边做装饰。金钱纹的式样如图 5-8 所示。

8. 涡状纹

图 5-9　涡状纹

涡状纹通常用来表现动物皮毛上的漩涡，具有一定的装饰性。涡状纹的式样如图 5-9 所示。

9. 其他

另外还有一些其他纹样，如回纹（图 5-10）、柠檬纹、带状纹（图 5-11）、龇毛纹等，也比较常见。

图 5-10　回纹

图 5-11　带状纹

二、河北剪纸特有纹样

河北剪纸在创作过程中有了自己的纹样创作。王老赏的戏剧人物剪纸中创造使用的纹样大体上有七种，下文简要介绍王老赏创作的几种纹样。

1. 钮子眼纹

钮子眼是王老赏和他同时期的艺人创制的一种异形刻刀。这种刻刀的锋刃为齐头，呈半圆形，反向的两刀下去就能刻成一个完美的圆孔。钮子的大小不同，所能刻成的孔径也不同。钮子眼纹如图 5-12 所示。

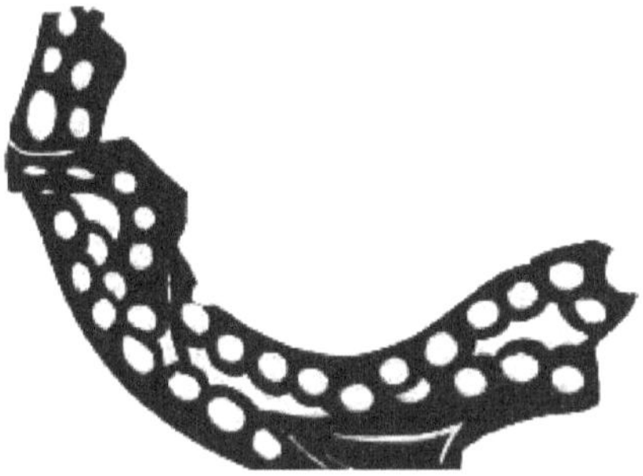

图 5-12　钮子眼纹

2. 麦子眼纹

因为这类纹样呈两头尖的纺锤形，颇像麦子，根据需要可大可小，也可变形，如图 5-13 所示。

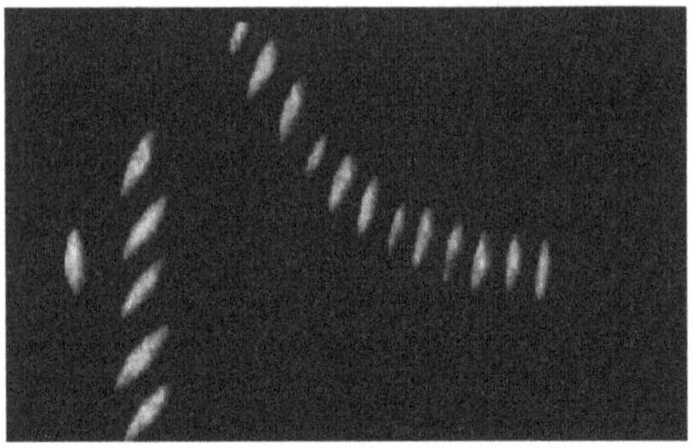

图 5-13　麦子眼纹

3. 空梅花纹

类似梅花瓣的各种纹样有圆叶、尖叶、空瓣、实瓣等不同的表现形式，以适应不同的装饰需要，式样如图 5-14 所示。

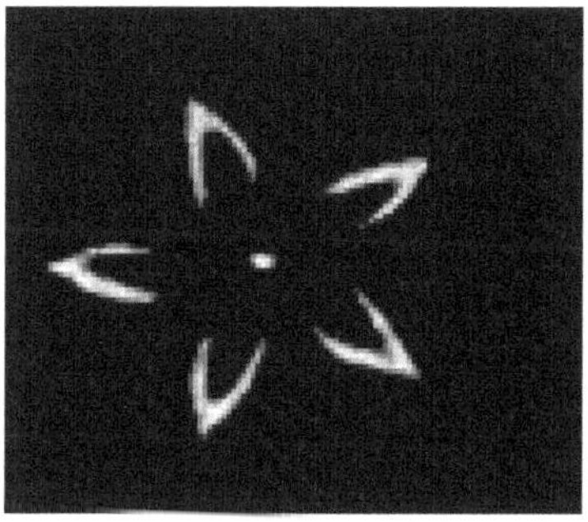

图 5-14　空梅花纹

4. 空莲花纹

空莲花纹是类似莲花瓣的纹样。王老赏还创造了一种蔚县剪纸中特有的空莲花纹样，式样如图 5-15 所示。

图 5-15　空莲花纹

5. 鱼鳞纹

鱼鳞纹在戏曲人物剪纸中多用于刻画人物铠甲的装饰纹样，在花卉剪纸中则用以刻画鱼鳞，式样如图 5-16 和图 5-17 所示。

图 5-16　鱼鳞纹

图 5-17　海浪纹

第二节　典型纹样的提取与矢量化

一、矢量化的优点

将有代表意义的剪纸符号进行提取并将之矢量化，有如下优点：

（1）剪纸符号图像多为线条构成的图像，利用矢量图像进行描述，可以大大节约图像占用的空间，因此剪纸图像矢量化后可以广泛用于图像压缩、创新应用等领域；

（2）矢量图像描述的是剪纸符号的图形构成信息。这些信息是矢量图绘制工具（如 CorelDRAW、AutoCAD、Flash 等）设计的主要信息来源，进行矢量描述后可以更方便地应用于图像的匹配、检索等。

（3）矢量图像描述的剪纸图像、图形信息具有易修改操作、易制作动画等特点，可以方便设计人员的设计、修改、再利用等。

二、矢量化的方法

1. 人工提取

剪纸图形符号的提取可以采用人工提取和自动提取两种方式。人工提取指的是根据所要提取的剪纸图形，分析其有代表意义的纹理符号，利用矢量图软件重新比对绘制成矢量图形，如图 5-18 所示。这种方式在本文中应用较多，技术也比较成熟，优点是使技艺充分融合，发挥艺术设计人员的特长和成熟绘图软件的特点，所提取的图符特征明显，代表性强，应用范围广，缺点是提取工作量十分庞大，不利于大批量剪纸图形符号的快速提取，效率较低。因此就提出了自动提取技术。

（a）原始剪纸图像　　（b）程序重构的矢量化图像

图 5-18　数字化重构的原始剪纸图像

2. 自动提取

自动提取指的是利用计算机技术自动将剪纸图形中的代表性图符进行提取并转换为矢量化图符的过程和技术，是一个非常复杂的过程，涉及图像智能识别和提取技术、图像矢量化技术等。目前，此类技术中成熟的算法较少，大部分是针对特定种类的图像，如二值图像（灰度图像）、基于色块的纹织图像等，适用在基于线条和颜色的剪纸图像的提取、矢量化技术就更少了。我们计划利用 2004 年 David G. Lowe 提出的一种新特征提取算法——SIFT（Scale Invariant Feature Transform）算法开展图像特征提取的研究。SIFT 特征是图像的局部特征，该特征对旋转、尺度缩放、亮度变化保持不变性，对视角变化、仿射变换、噪声也保持一定的稳定性。SIFT 特征提取是基于图像特征尺度选择的思想，建立图像的多尺度空间，在不同尺度下检测到同一个特征点，确定特征点位置的同时确定其所在尺度，以达到尺度抗缩放的目的，并剔除一些对比度较低的点以及边缘响应点，提取旋转不变特征描述符以达到对仿射不变的目的。SIFT 特征的提取主要包含 4 个步骤：①建立图像尺度空间，检测尺度空间极值点；②精确确定关键点，剔除不稳定点；③确定关键点的方向；④SWI 特征向量的生成。[①]

图像的矢量化，尤其是彩色图像的矢量化，是图像处理的难点。有许多图像处理软件对彩色图像的矢量化做了很大努力，如 CorelDRAW 和 Flash。它们针对的都是普通的彩色图像，但是效果不是很理想。下面是本文准备用到的剪纸图像矢量化的思想及流程。

剪纸图像是由线条和色块组成的。这些色块是由几种均匀颜色构成的区域，区域的边界就是不同曲度的线条，区域内如果只有一种颜色，就是色块的颜色。对剪纸位图图像进行矢量化，就是要提取剪纸图像中每一个色块和线条的信息，包括区域的轮廓（即线条）和填充颜色，然后对区域的轮廓进行拟合，进一步得到用数学公式描述的矢量图元表示。

剪纸图像矢量化的流程如图 5-19 所示。

① 武克南，王丽萍.《一种基于不变特征的图像识别算法研究》. 2009 年 5 月，甘肃科技。

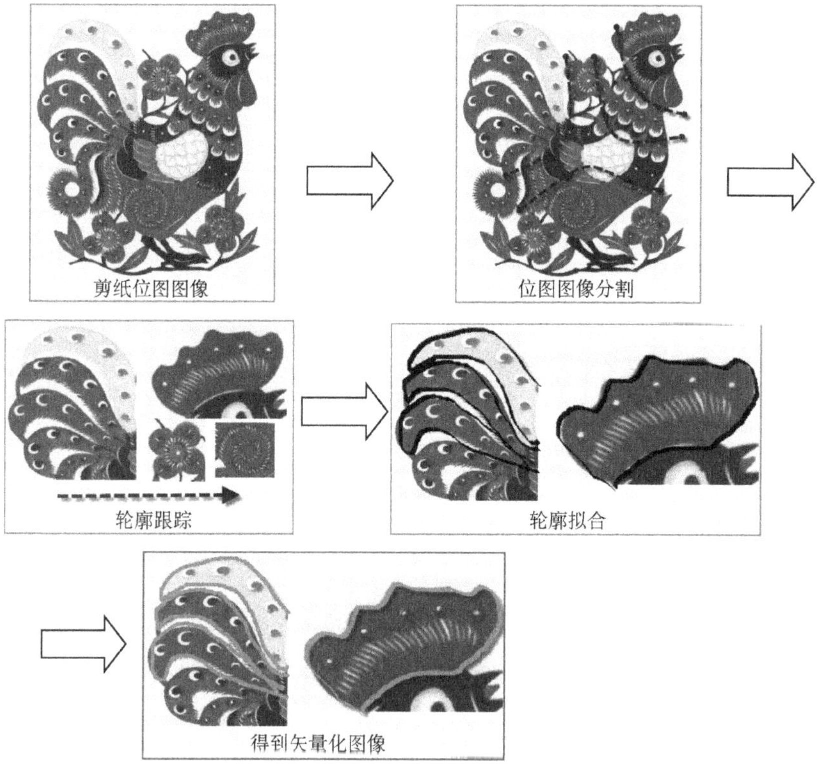

图 5-19　剪纸图像矢量化的流程

轮廓跟踪用于跟踪每一个色块轮廓上所有的点，并将这些点的坐标记录在自己定义的数据结构里。这些点是一系列相邻的离散点，用直线和曲线来拟合这些离散点，得到一条单独的轮廓线，或者是由一系列首尾相连的直线和曲线组成的轮廓线。利用这些轮廓线即可对整个色块进行数学描述，得到描述该色块的矢量图元。所有的色块图元的集合就是该图符图像的矢量化结果，即该图像对应的矢量图像。图 5-20 所示是轮廓跟踪的流程图。

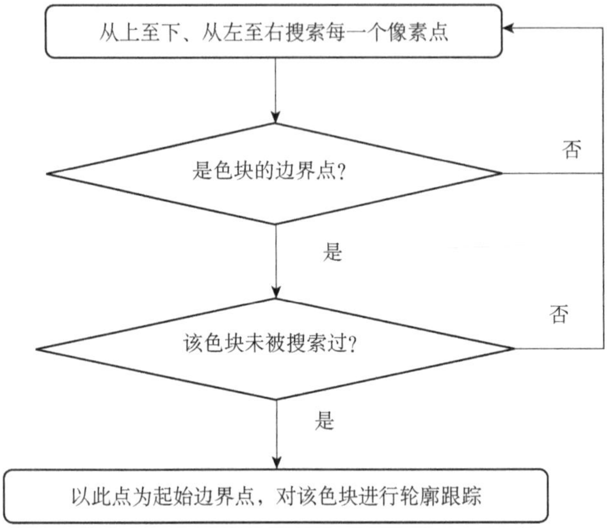

图 5-20　轮廓跟踪的流程图

（1）轮廓分段。在轮廓跟踪中得到的轮廓线是由一系列相邻的离散点组成的。这些离散点可能是开放的区域，也可能是未开放的区域。由离散点组成的轮廓线中，轮廓的走势不一定是接近的，可能有比较大的区别，这样的轮廓线很难用一条曲线进行拟合。因此，通常的做法是根据轮廓线的特点将轮廓线在某些特定点进行切割，分割成很多条曲线段，然后对这些曲线段分别进行拟合，再对拟合结果进行整合，得到整个轮廓线的拟合曲线。

（2）分段预处理。利用轮廓跟踪方法得到的轮廓线是比较粗糙的，如果直接用于后续处理，在运算的时候将会产生较大的误差，影响拟合效果。因此需要在拟合之前对轮廓线进行预处理，可采用删除尖点处理和轮廓段光滑处理等方式进行预处理。

（3）曲线拟合。在曲线拟合中，Bezier 曲线是一种较常用的曲线。为达到较好的拟合效果，通常在曲线拟合中较多采用的是 3 次 Bezier 曲线，该曲线是由 P_0、P_1、P_2、P_3 这 4 个控制点决定的。因此对轮廓段进行拟合时，必须保留轮廓段的两个端点，而 Bezier 曲线具有端点性质，即起点、终点与特征多边形的起点终点重合，因此在 4 个控制点中，P_0 和 P_3 这两个点可以确定，只需另外确定 P_1 和 P_2 这两个点即可。根据公式即可求得 Bezier 曲线的第二个和第三个控制点。有了 4 个控制点，就可以确定一条 3 次 Bezier 曲线。

轮廓线拟合利用直线拟合和曲线拟合相结合的算法进行，步骤如图 5-21 所示。

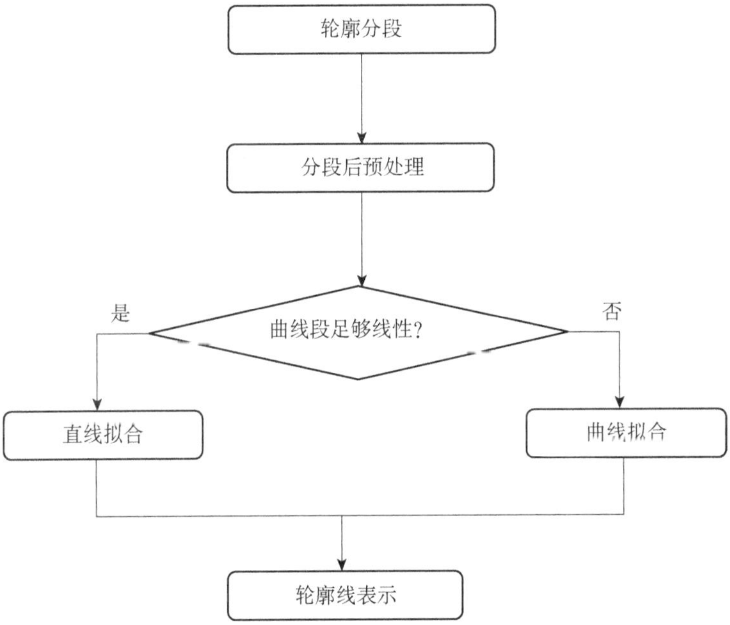

图 5-21　轮廓线拟合

第六章

剪纸工艺流程的归纳与提炼

中国剪纸的传统创作手法有两种，即折（铰）剪法和刻剪法。每种剪刻方法都有各自的特色和生存土壤，在此我们将对这两种常用手法做详细的图解介绍。

第一节　折剪法的工艺流程

折（铰）剪法也称折剪法，在剪纸创作过程中是一种常用和普遍的手法，一般采用折叠铰剪的方式进行，即先折叠然后再用剪刀剪。一般在剪纸作品相对比较简单或有对称纹样时，多会采用这种剪法。折剪法又可分为完全对称折剪法和局部对称折剪法两种类型。图 6-1 所示为折剪法工艺流程图。

一、完全对称折剪法

完全对称折剪法在折剪过程中有许多不同的折法，如二折法、三折法、四折法、连续对折法等。不同的折法可以产生不同的剪纸效果。

1. 二折法剪纸

将一张色纸上下左右各对折一次，折出的每个图样叫二折剪纸。在纸上画半个图样，剪好展开后则有两个相同的完整图样，如作品青蛙、鹅等，操作如图 6-2 和图 6-3 所示。

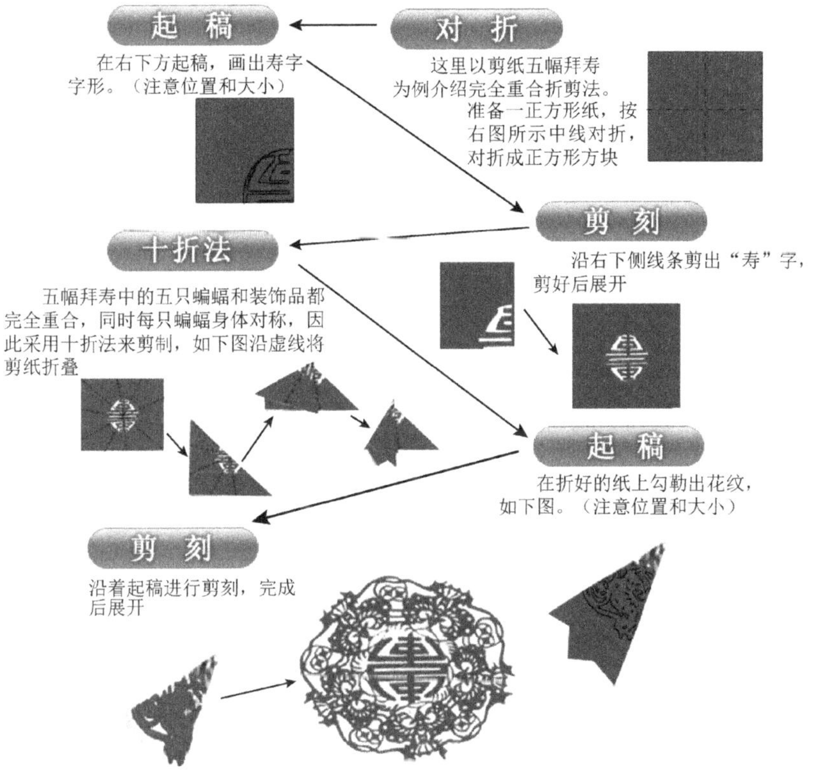

图 6-1　折剪法工艺流程图

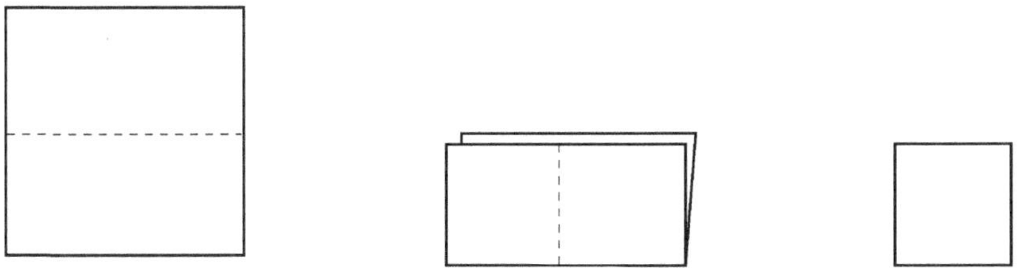

图 6-2　二折法折纸流程示意图

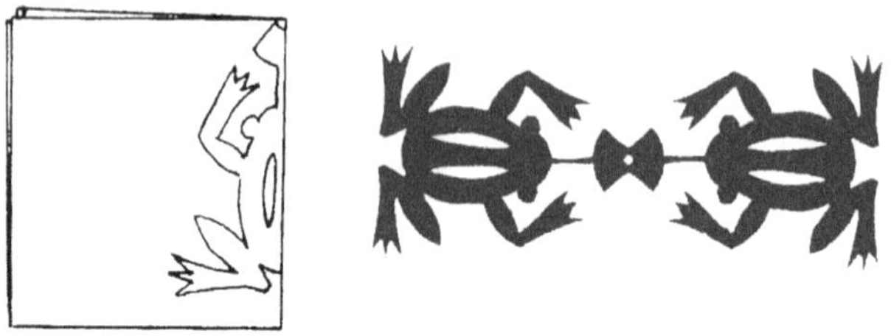

图 6-3　二折法剪纸流程示意图

2. 三折法剪纸

将一张正方形色纸上下对角对折，在底边取中心点 0，以 0 为固定点，按 60° 角分成 3 份折叠在一起（图 6-4），然后在折好的纸上画半个图样，剪好后展开就有三个完整的图样，如作品花、鱼、人等，操作如图 6-5 所示。

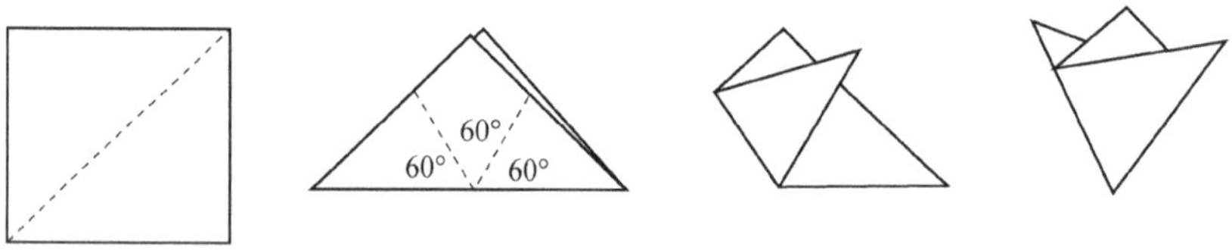

图 6-4　三折法折纸流程示意图

图 6-5　三折法剪纸流程示意图

二、局部对称折剪法

在一幅作品中，只有局部采用对称折叠的方法，专门用于以对称为主、不对称为辅的图形，多处对称但需要多次以多种方式折叠实现的剪纸方法，都称为局部对称折剪法。“喜”字的局部对称折剪法如图 6-6 所示。

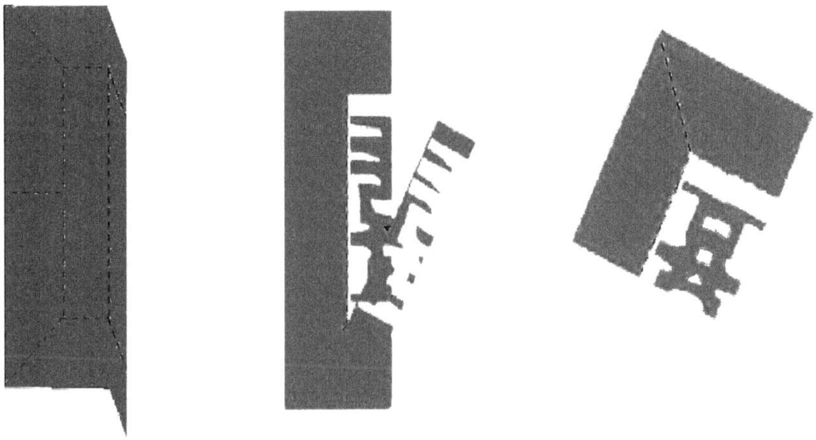

图 6-6　“喜”字的局部对称折剪法

第二节　刻剪法的工艺流程

刻剪法的创作运用也比较广泛，尤其适于剪纸细部的雕琢。使用其他创作手法创作时，多会配合使用刻剪法。这里将会介绍刻剪法与彩色点染法相结合的蔚县彩色剪纸与丰宁彩色剪纸的制作流程。

一、蔚县刻剪点染法

刻剪法的创作运用也比较广泛，尤其适合剪纸细部的雕琢。使用其他创作手法创作时，多会配合使用刻剪法。河北剪纸中比较有名的刻剪法为蔚县的刻剪点染法，蔚县剪纸艺人在长期的实践和探索中形成了严密独到的剪纸工艺流程，如图 6-7 所示。

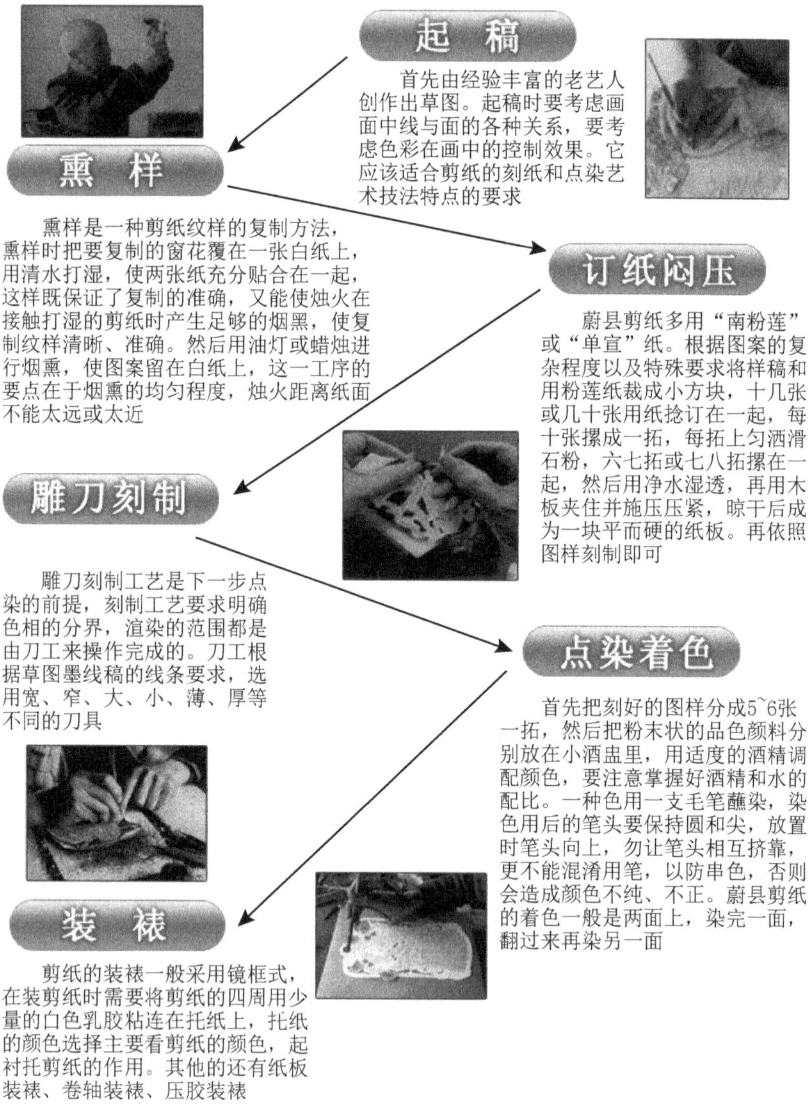

图 6-7　刻剪点染法工艺流程图

1. 起稿

首先由经验丰富的老艺人创作出草图。在草稿设计过程中，首先思考表现内容和剪纸表现需要的图案结构，然后进一步细致地考虑刻制的刀法与点染控制的有机结合。草稿中的组成素材要尽可能简化，突出主题，删去与主题无关的图形元素，力求构图简单、造型洗练、线条明快、便于连接，充分适应刻制的工艺要求。在草稿设计时，千万不要盲目、片面地追求细腻，否则就会超越刻刀加工工艺的能力范围。在刻制时，草稿图案就要受刻刀的自然修改和局部破坏，从而失去了蔚县剪纸的味道。

2. 熏样

熏样主要用于复制传统图案或其他艺人的作品。所谓熏样工艺，就是把要复制的剪纸覆在一张白纸上，用清水打湿，使两张纸充分地贴合在一起，这样既保证了复制的准确，又能使烛火在接触打湿的剪纸时产生足够的烟黑，使复制纹样清晰、准确。然后用油灯或蜡烛进行烟熏，使图案留在白纸上。这一工序的要点在于烟熏的均匀程度。例如，烛火距离纸面太远则熏样不均匀，复制纹样不清晰；太近，则会使打湿的剪纸局部迅速被烤干，引起图案变形，造成复制不准确。熏样工艺的运用使得剪纸能批量且准确地复制，促进了剪纸市场化的发展。操作如图 6-8 所示。

图 6-8　熏样

3. 订纸闷压

根据图案的复杂程度以及特殊要求将样稿与用粉莲纸裁成小方块，十几张或几十张用纸捻订在一起，一般每十张摞为一“拓”，每拓上匀洒滑石粉，六七拓或七八拓摞在一起，然后用净水湿透，再用木板夹住并施压压紧，晾干后成为一块平而硬的纸板。再依照图样刻制即可。这样做，一是因为纸薄，不便单张刻制，所以需要把它装订起来，以便于操作。二是将样稿和纸十几张或几十张捻订在一起雕刻，既保证了批量生产，又能保证图案刻制的准确性。操作如图 6-9 所示。

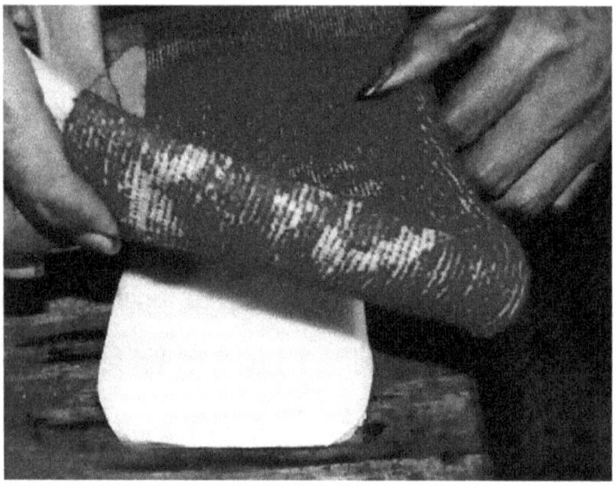

图 6-9　闷压

4. 晾活儿

将纸坯压实后，再用铁夹子把纸坯夹起来挂在铁丝上晾干。晾挂时不能直接将纸坯放于太阳下，而要放在阴凉通风的地方阴干。因为刻制的需要，纸坯不能完全晾干，最好稍稍保持一点潮湿。阴干后还需要再将纸坯用砖或人的臀部稍稍压实一下，这时需用剪刀将纸捻剪平，再用锤子将纸坯上的纸捻轻轻锤牢，达到纸坯固定形成一体，接下来就可以进入刻制的环节了。晾活儿的操作如图 6-10 所示。

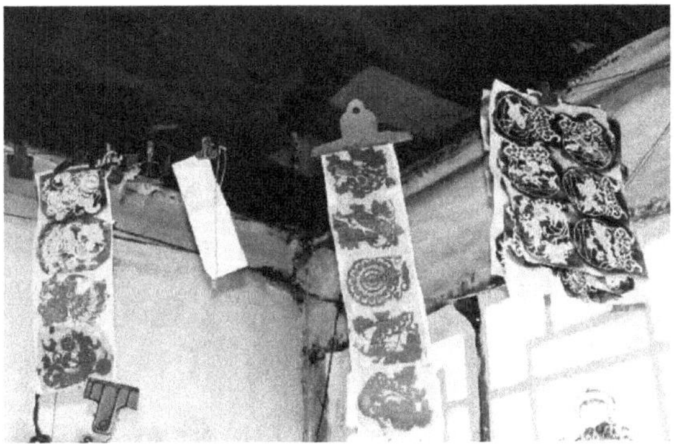

图 6-10　晾活儿

5. 雕刀刻制

蔚县剪纸的美在很大程度上体现在刻刀的使用上，刻窗花的雕刀是用钢丝打成的，先要选优质钢丝锤砸成 1 厘米厚，挫成刀形、磨出刀刃，再用酒精灯烧红，放入油内淬火，反复淬火多次即可。关于刻刀的制作，老剪纸艺人周永明的介绍更详尽：制作刻刀首先要学好锉刀子，锉出的刻刀要三面平。然后在磨石上磨，磨刀的时候要保持原来锉好的三个平面。磨好以后，在酒精灯上烤烧，要注意烧烤的火候，刀尖发红时就赶紧往油里蘸。刻制操作如图 6-11 所示。

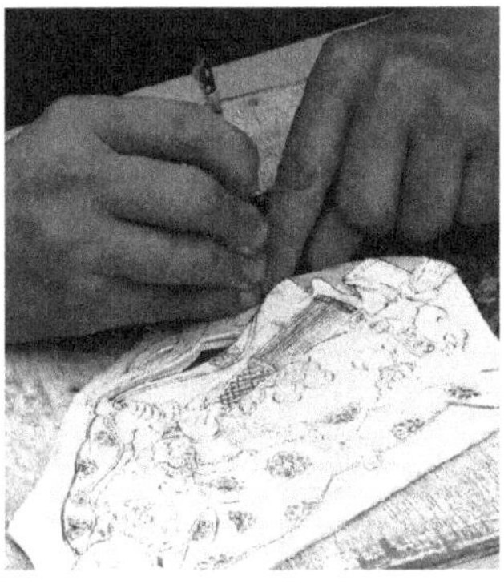

图 6-11　刻制

6. 点染着色

蔚县剪纸着色以原色为主。这里的原色是指品色中的红、黄、蓝、绿、莲青、粉、胭脂七种。蔚县剪纸用品色点染，主要是从煤焦油中提炼出来的，其方法是把颜色固定在一种惰性物质上，惰性物质是颜色的依托物质，呈白色细粉末状，常用的是氧化铝。由于不同颜色的合成技术不同，颜色的性质也不同，因此在染色时的配兑用料也不同。酸性品色不能用酒，碱性品色不能用水。

在剪纸的染色工艺中，对调色、点染程序、用笔等都有严格的要求。在染色过程中，首先把刻好的图样分成5～6张一拓，这样做能较好地保证颜色在所有纸张上的很好渗透，同时又能适应批量流水作业的需要，分别交叉着色。然后把粉末状的品色颜料分别放在小酒盅里，用适度的酒精调配颜色，并注意掌握好酒精和水的配比，比例合适，可以增强色调的明亮度，产生鲜艳而光泽、深沉而庄重的艺术效果，否则颜色会偏灰、偏脏。一种色用一支毛笔蘸染，染色用后的笔头要保持圆和尖。放置时，勿让笔头相互挤靠，更不能混淆用笔，以防止串色，否则会造成颜色不纯、不正。蔚县剪纸的着色一般是两面都上色，染完一面，翻过来再染另一面，这样染可保证染透，并且能加重色彩的浓度。在这个过程中，染色要干净，不能洇串。铺色和点色的操作如图6-12和图6-13所示。

图6-12　铺色

图6-13　点色

7. 接活儿

接活儿是将染好色的剪纸一张一张揭开。宣纸因纸张本身就较薄，又经闷湿和上色，彼此往往互相粘连在一起，很不容易揭开。所以在揭样之前，必须先将刻好、染好的纸样轻轻揉动，使纸张互相脱离，然后再顺次一张一张地揭开。接活儿手法如图 6-14 所示。

图 6-14　接活儿

二、丰宁刻剪蒸染法

1. 初稿

剪纸的初稿多是由有一定创作能力的民间艺人信手勾出的墨稿，有的则是脱胎于木版年画。在准备样谱的时候，轮廓和结构线必须清楚，它决定了整个工作的成败，而且一个不成功的剪纸是无法弥补的。因此最好不要只画一条单独的线来描绘剪纸的轮廓，而应精确地描画出线条的粗细和方向，这对初学者尤为重要。

2. 熏样

先准备一块较大的木板、一盏油灯和一盆清水，将刻纸原本放在白纸上，然后将它们放于水面上。当纸浸湿时，将其取出置于平板之上，再把平板反转放在灯火上端，以烟火熏制。当纸面熏成深黑色时，即可取下原样。这时原样的轮廓就会清晰地呈现在纸面上，保留了谱样的原貌。也有用黑蜡摩擦取样的，就是将纸紧挨在谱样的背面，用一种特殊的黑蜡来擦图案，摩擦的这一面应是水平的，这样可以产生一个清晰的黑色轮廓。这种特殊的黑蜡是由粗石蜡和松木灰混合加热而成的。

3. 订纸闷压

丰宁满族剪纸的用纸多为棉帘纸、粉莲纸或白粉纸（糊墙用）。棉帘纸洁白柔韧，迎光看时显示有横帘纹，是上好的剪纸原料，粉莲纸和白粉纸次之。先取棉帘纸用纸捻订在一起，每四五十张为一“拓”，洒水闷压，阴干成纸板后即可刻制使用。成拓装订成纸板，可以方便雕刻，又可以保持原样稿的批量生产。

4. 剪刻

丰宁满族剪纸刻制工艺的要求十分严格。刻制是对初稿的修正提炼过程，也是完成作品的关键一步。刻制时，先在蜡盘上轻扑一层粉，以避免蜡与纸张粘连，雕刻时要根据线条要求，选用不同尺寸、形状的刻刀。行刀要求流畅、有力，有雕刻金石的感觉，丰宁满族剪纸的金石感也是其不同于其他地区剪纸的明显特征。雕刻时常会按照先细部、后粗部进行，也可以酌情灵活处理，逐步完成雕刻。刻出的线条要求有顿挫和切割感，下刀要求刚劲有力，走刀要求流畅。刻出来的图案上不能留下纸屑或毛边，同时下刀时也不能刻断一根细线，否则画面都会连不起来，造成作品的失败。

5. 蒸染上色

为了达到色彩浓艳、相互渗透、充分自然的目的，艺人们发明了上笼屉熏蒸的技巧。由于水气的沁人和加热使颜色能更多地渗透到下层剪纸上，又能使颜色充分地渗入纸张，剪纸色彩因此而显得浓重、艳丽，贴在窗户上透光后不会有浮白的感觉，而显得颜色透明、亮丽。

第三节　其他工艺流程

除了上述两种传统的手法外，剪纸手法还有点染、映衬、垛叠、剪影、火烫、手撕等多种剪纸创作手法。这些手法相互融合，拓宽了我国剪纸创作的表现形式，丰富了表现内容，使剪纸的生命力更持久。

1. 拼贴剪法

衬色剪纸是用一种或多种颜色进行拼贴映衬的创作方法。衬色剪纸以金、银、黑、白等中性纸为主样，以线条的形式剪好后，从背面按不同部位分别衬粘其他颜色的纸。常见剪法主要有金衬剪纸、银衬剪纸、黑衬剪纸、白衬剪纸等。

2. 剪影剪法

剪影是以外轮廓来表现物体或事物的形态，不宜表现宏大而又特别复杂的场面。创作剪影作品多以黑、白两色纸为主。

3. 手撕法

手撕创作是利用纸张韧性较弱的特点，用手直接撕扯的创作方法。手撕作品可以充分表现纸的纤维美，尤其是镂空作品。创作手撕作品，要选择纤维纹理走向不明显的纸张，通常选用宣纸。

4. 火烫法

火烫创作是用不同的线香代替剪子和刀在纸上进行烧制的创作方法，尤其适合创作镂空作品。火烫创作不宜过于写实，作品通常只宜一次一张。

5. 垛叠剪法

垛叠创作是用一种颜色的纸剪好后，贴在另一张其他颜色的纸上再沿着边缘线运剪。按此方法根据创作构想重复几次或十几次，即可形成色彩绚丽、造型独特的效果，好的作品具有很强的浮雕效果。

6. 点染法

染色剪纸就是采用剪染结合的手法，丰富剪纸表现效果的创作，多与其他创作手法配合使用。

第七章
工艺流程交互DIY平台的设计与实现

第一节 设 计 思 路

我们将剪纸艺术这种技艺性和随意性很高的作品制作流程经过数字化并存储后，再将其制作成交互 DIY 的形式，然后在互联网或其他媒体上共享，最终目的是将其应用于指导人们的一般创作，是本文的关键技术和创新研究之二。

中国民间剪纸经过无数剪纸艺人的继承与创新，形成了一套科学、严谨的工艺制作流程，这些工艺流程和方法是无数剪纸艺人智慧的结晶，是需要我们保护和传承的巨大遗产。软件信息技术的发展为这些不易保存和缺乏普及性的技艺提供了保护和传承的新思路，我们决定将剪纸艺术的生产工艺制作流程制作成 Flash 交互动画的形式，可以在互联网上方便浏览，也可以制作成单独的多媒体产品发行。

之所以选择 Flash 作为表现手段制作剪纸流程交互动画，主要是考虑到以下几个方面：

（1）Flash 交互动画表现剪纸工艺制作流程比摄影机实景拍摄的纪录短片更容易让人理解，使整个剪纸流程一目了然。并且，Flash 可以添加交互，这样浏览用户可以就剪纸流程中出现的重点、难点进行反复和有选择地播放，便于学习。

（2）Flash 是目前在网络上兼容性最强的一种多媒体软件，多种操作系统兼容，几乎每台电脑都能打开浏览其生成的.swf或.exe格式的文件，甚至连手机都可以随意地打开Flash动画文件，便于推广。

（3）将流程制作成Flash便于网络浏览和下载。Flash交互动画具有高压缩性能比，让整个流程动画文件小巧玲珑、下载迅速，使得动画在打开网页很短的时间里就可以播放，非常适合在网络上进行传播与传输。

（4）使用Flash可以把音乐、图片、动画、拍摄的视频文件以交互的方式融合在一起，能够更形象、生动地将整个剪纸流程演示得清晰、准确，便于理解。

综上所述，使用Flash交互动画的方式制作短片有很多优点。但相对于纪录短片来说，用Flash交互动画的方式制作短片的技术含量更高，制作周期更长。图7-1所示为剪纸工艺DIY模块界面截图。

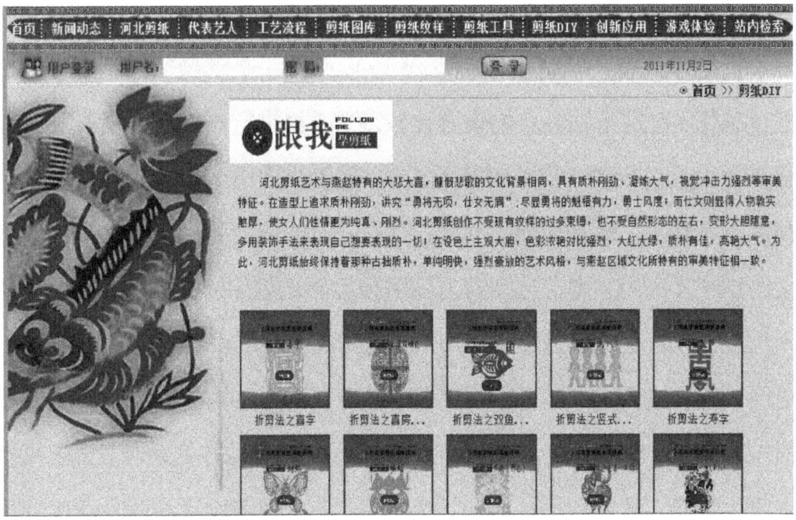

图7-1 剪纸工艺DIY模块界面截图

第二节 设计方案

根据我们对剪纸艺术工艺流程的归纳和总结，将剪纸艺术工艺流程分为折剪法和刻剪点染法两大类。其中折剪法又分为连续对称折剪法和非连续对称折剪法等几种，这里选出三组有典型代表意义的剪纸流程进行交互动画设计方案说明。

一、连续对称折剪法的设计与实现

连续对称折剪法是传统剪纸技法中最常见的一种典型剪纸方法。在对称折剪法里，五道娃娃是最具代表性和为大家所熟知的，剪完后的效果也比较有意思。因此，本文选择五道娃娃作为实例进行剪纸流程 Flash 交互动画的设计与制作。通过对整个连续对折折剪法工艺流程的分析与归纳，将其制作流程分为三个步骤进行，即折纸、剪纸、刻纸。

折纸步骤动画的制作相对复杂，一张纸的折叠动画用到了多个元件进行制作，特别是轴心点的设置比较烦琐，每进行一次折叠就要配合任意变形工具进行轴心点关键帧的设置。剪纸步骤中基本使用的是路径动画进行制作，虽然属于补间动画，但是剪刀的旋转方向随着路径的转折会出现很多问题。为了达到剪刀随路径旋转的效果，这里使用了路径动画加逐帧动画的方法进行制作。刻纸步骤动画的制作方法和剪纸类似，里面被刻掉的部分元素较多，并且随着剪刀的运动都有被剪掉纸屑脱落消失的动画，所以每个部分都需要制作两个不同元件的动画，力求真实也较为烦琐。图 7-2 所示为轴心点关键祯的变换与设置和路径动画加逐帧动画的联合使用图。图 7-3 所示为拉手娃娃的折剪动态图。

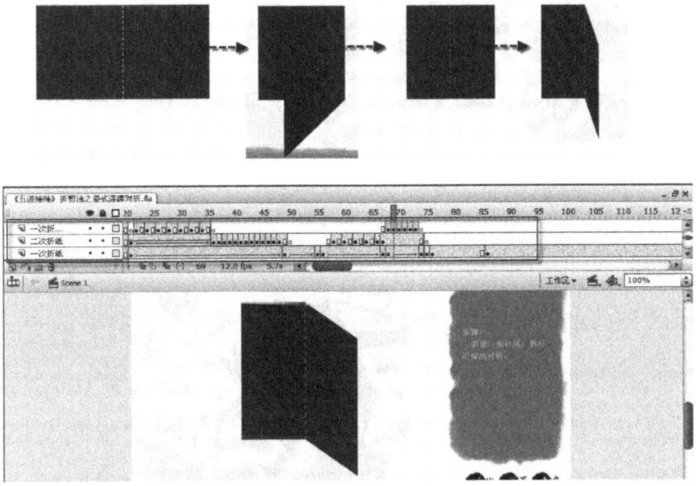

图 7-2　轴心点关键祯的变幻和设置和路径动画加逐帧动画的联合使用

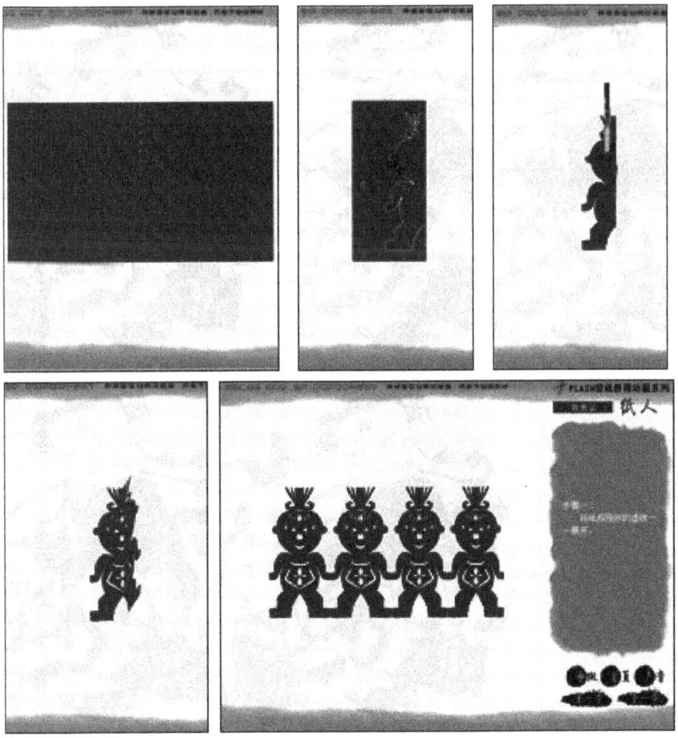

图 7-3　拉手娃娃折剪动态图

二、局部对称折剪法的设计与实现

与连续对称折剪法相比，局部对称折剪法的难度较大，步骤更烦琐。该类折剪方法也是传统剪纸技法中最常见的一种，经过对局部对称折剪法的理解和动画设计将其归纳为六个步骤进行。

下面以人们喜闻乐见的婚庆剪纸喜字为例进行说明。这个动画主要由折纸和剪纸两种动作组成。剪纸部分和连续对称折剪法中的制作方法相同。折纸部分却涵盖了整个动画的四个步骤，制作技术比连续对称折剪法更复杂和烦琐。在制作这些折纸过程中，使用了几十个“替身”元件，每个元件的轴心点都要经过精心的设置。特别是最后一个展开步骤的制作，还运用了元件套元件的制作方法，元件的帧设置要求十分严格。图 7-4 所示为喜字剪纸的局部折剪流程。

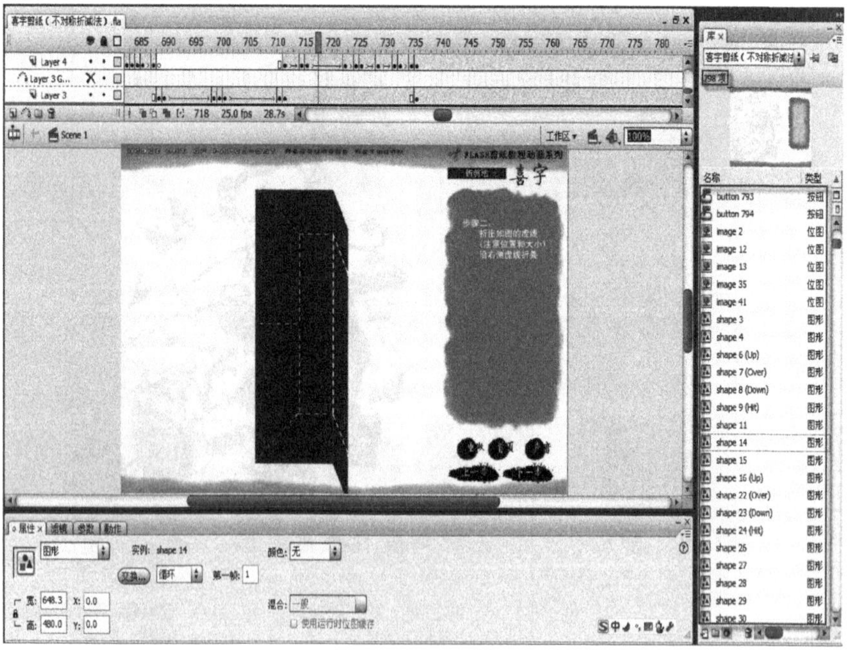

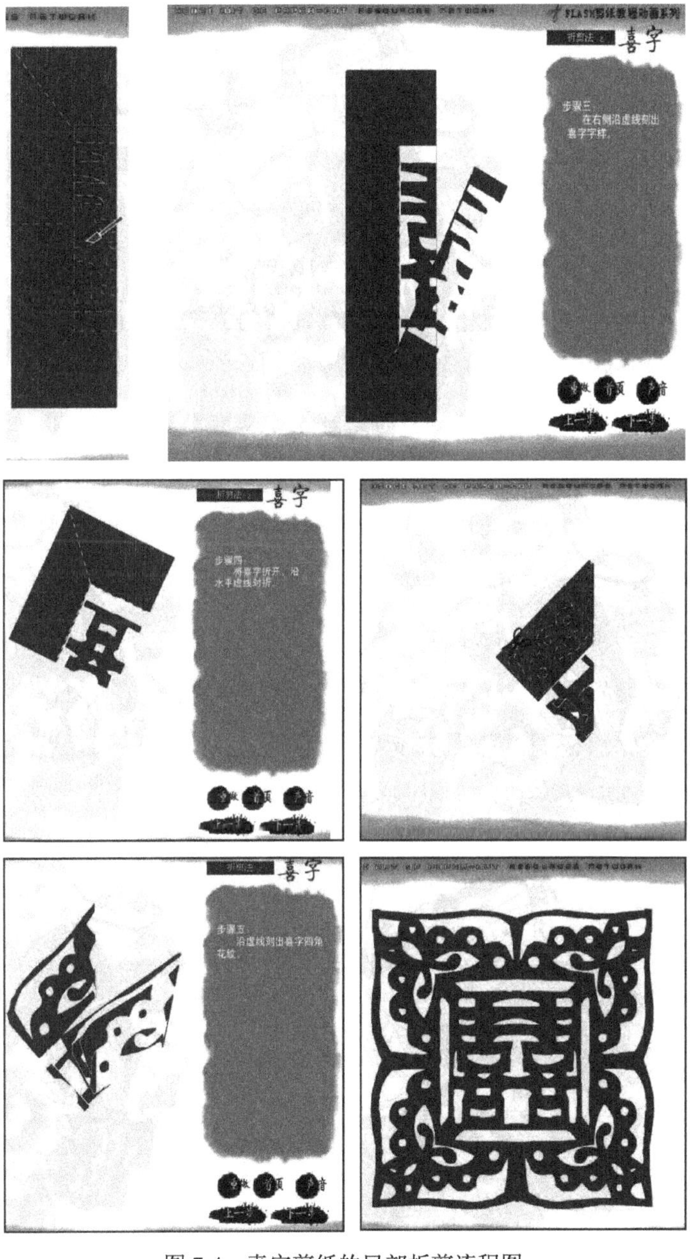

图 7-4　喜字剪纸的局部折剪流程图

三、刻剪点染法的设计与实现

刻剪点染法的制作工艺流程最复杂，技术含量也是这几种动画里最高的。这种剪纸制作方法以蔚县剪纸为代表。纸张主要使用生宣纸，大概步骤是起稿、剪刻、点染着色三步。刻剪点染法通常应采用阴刻法，便于大块面积留作染色。点染剪纸色彩强烈，乡土味很浓。剪纸流程动画选择十二生肖中的老鼠吃葡萄作为实例进行制作，经过分析和归纳同样将步骤分为六步。

刻剪点染法主要出现的是刻剪和点染两道主要流程。其中刻剪和前两个流程动画中的刻剪步骤制作方法相同。这个动画中最难也最精彩的步骤是最后点染效果的制作。点染的制作几经波折，开始时决定使用位图视频序列导入 Flash 中进行制作，生成的动画文件虽然效果很好但是非常大，不得不放弃位图视频序列的制作方法，最后决定使用矢量绘制的方法进行制作。使用渐变填充元件中的 Alpha 值控制渐变的透明度，然后利用多图层错帧的方法制作成水墨晕染效果，最后使用遮罩动画配合逐帧动画完成整个晕染效果的制作。最后一个点染步骤的制作就使用了一百多个图层，晕染效果十分细腻，渐变过渡十分自然，得到的最终效果比较令人满意。操作过程如图 7-5 和图 7-6 所示。

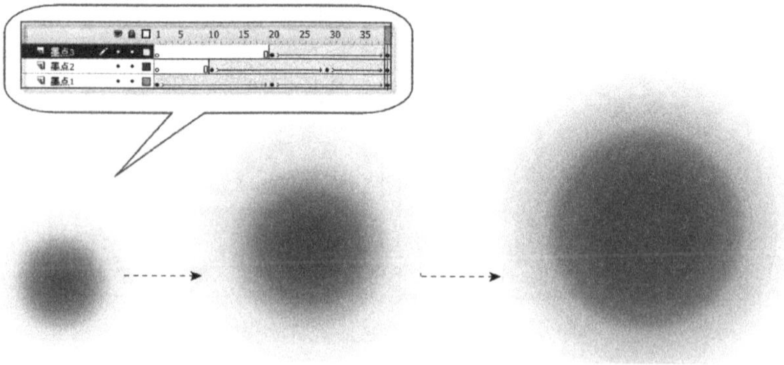

图 7-5　多层水墨晕染效果

图 7-6　染的部分成品效果

第三节　解决的关键问题与难点

一、水墨背景的瘦身制作与实现

剪纸动画的整体风格和网站风格协调统一，主要以橙色和浅黄色为主，配以传统图案和水墨元素，体现了中国传统的风格和设计理念。水墨图案层次感和随机性都很强，如果直接使用 Flash 软件进行矢量绘制，得到的效果并不太理想，但是位图文件相对于矢量图来说文件又比较大。为了找到显示质量和文件大小的最佳折中点，我们对 Flash 软件所支持的所有矢量格式和位图格式做了对比和测试，最终选择了 PNG 的位图格式制作动画的背景。首先使用 Photoshop 绘制成背景图片，然后将其另存储为 PNG 的文件格式，再导入 Flash 软件中进行制作。这样既保证了水墨图片的清晰度又控制了文件的大小。在制作完整交互动画以后，在发布时对发布面板中的图片和声音压缩比率进行相应设置可以更进一步地优化文件的大小。水墨效果的背景如图 7-7 所示。

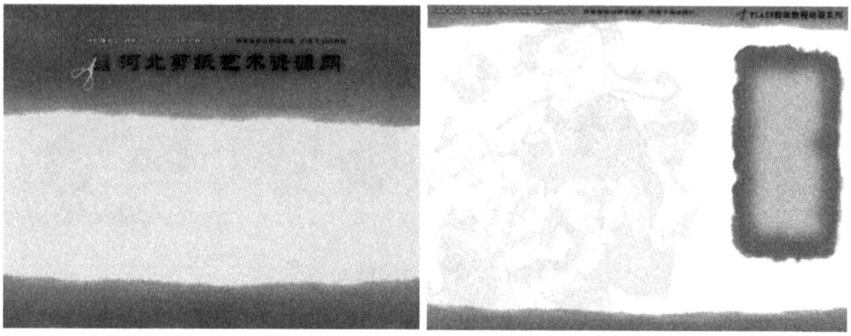

图 7-7　水墨效果背景

二、分场景与元件库的建立和实现

剪纸的方法不同，工艺制作流程也存在着差异，所以演示步骤的多少也各不相同，步骤较烦琐的一般把它归纳为 6 步。开始制作的时候，把所有的动画都放在一个场景中，发现图层和帧过多，动画帧有的甚至达到了 1000 多帧，修改其中一个图层中的一帧会影响到其他图层中的帧，调节和修改很不方便。后来采用了分场景（图 7-8）进行制作的方法，每个场景的图层数减少了很多，每个步骤中的帧和图层都可以单独地进行调节，不但提高了制作效率，也为后期修改留出了空间。

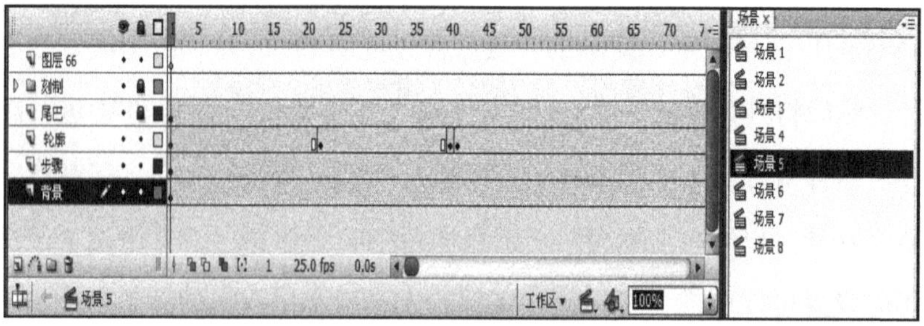

图 7-8　分场景示意图

在制作所有流程动画之前的素材准备阶段，我们将动画中重复出现的素材（如按钮、背景、首页、图标、剪刀、刻刀、特殊字体）进行了统一的设计与制作，将其编辑成 Flash 标准的元件库（图 7-9），分给每个动画的负责人，每组制作动画的时候就可以直接将元件拖拽到场景中进行编辑制作，所有流程交互 Flash 动画便可以同时进行，提高了制作效率，加快了制作的整体进度。

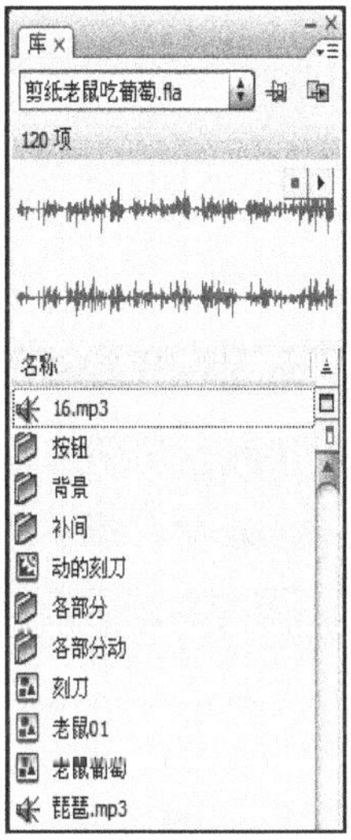

图 7-9　元件库示意图

三、逐帧动画配合遮罩与路径动画的设计与实现

在绘制草图与剪刻效果动画制作的时候，一般使用路径动画、位移动画、遮罩动画等补间动画方式。但在该项目中，很多步骤使用补间动画难以实现，我们便采用了传统动画中的逐帧动画方式，一帧一帧地绘制和编辑，有些地方需要逐帧动画配合遮罩或路径动画进行制作，为此花费了大量的时间和精力。逐帧动画对制作者的制作水平要

求较高，有几名学生专门学习了传统动画制作技法用来制作其中的逐帧动画部分。逐帧动画与遮罩、路径动画的结合如图 7-10 所示。

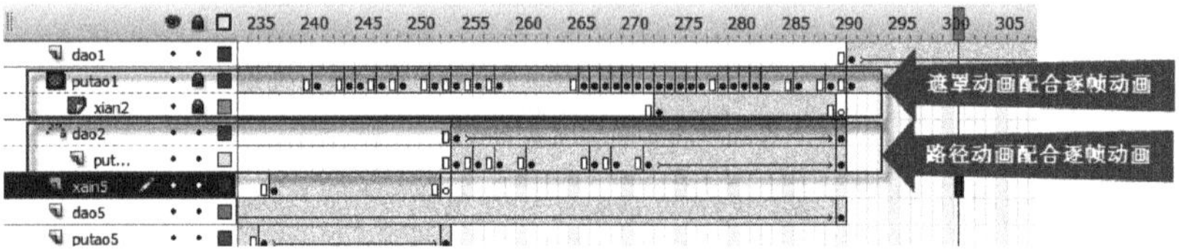

图 7-10　逐帧动画与遮罩、路径动画的结合

四、ActionScript 脚本语言的应用与实现

因为流程动画是交互动画，所以其中不可避免地会使用到 ActionScripta（AS）脚本语言。AS 脚本语言主要的涉及是按钮的触发事件控制和各个场景中帧的跳转。用到的 AS 脚本虽然简单但设置起来却十分烦琐，每个场景中均有多个按钮需要设置，还需要经过反复的测试才能保证按钮的正确跳转，如图 7-11 所示。

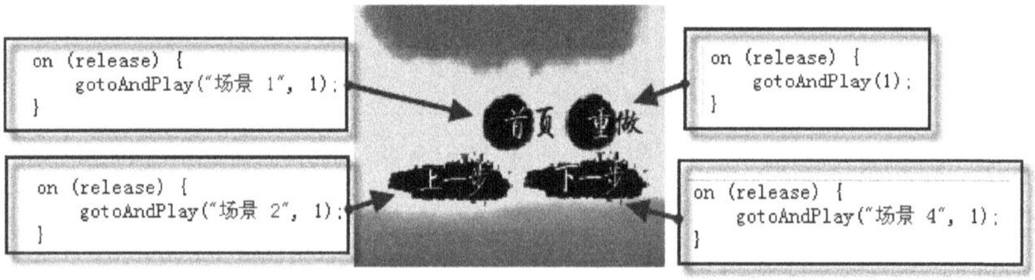

图 7-11　ActionScript 脚本语言的应用与实现

第八章 剪纸艺术游艺系统的设计与实现

第一节　设计思路

将剪纸艺术元素与体验型游戏设计相结合，以达到剪纸艺术的广泛传播和应用，是本文的创新研究之三。

而对于游戏类型的选择，既要能够比较完整地表达剪纸艺术的美与技艺，又能够很好地与现代游戏的时尚流行性元素相结合，还需兼备用户黏性与趣味性，对此，我们做了长期的调研与摸索。

一、游戏类型的确定

一段时间，所有工作组的老师们四处搜索，纷纷玩起了各种 Flash 小游戏。经过长达几个星期的体验、分析、对比与讨论，决定将几款不同玩法、长盛不衰的小游戏制作成剪纸游戏，即一些好玩儿、易玩儿又耐玩儿的游戏类型，如智力拼图、推箱子、连连看等。

最终，我们将剪纸游戏大体分为体验型游戏和益智型游戏两类进行创意与制作。剪雪花属于体验型游戏。游戏通过自定义折纸和剪纸动手 DIY 自己的个性雪花剪纸，从中体会游戏的乐趣和剪成各种雪花剪纸的成就感。智能拼图、推箱子和连连看等游戏属于益智型剪纸游戏，在制作时考虑重新设计游戏，将剪纸元素和风格“不留痕迹”的融入剪纸游戏中，让玩家在玩游戏的同时感觉到剪纸的存在，从而提高游戏者对剪纸的认识与兴趣。

二、游戏制作工具的选择

之所以选择 Flash 为游戏制作工具，原因有三：

（1）Flash 有非常强大的 ActionScript 脚本语言。ActionScript 是一种面向对象编程的高级语言，几乎可以全部编写出网络上的休闲小游戏，是休闲小游戏制作的首选。现在国内外已经有很多投资较大的 Flash 网游，可见 ActionScript 已经十分成熟和稳定。

（2）Flash 具有很强的兼容性和普及性，可以通过 Flash 播放插件在任何浏览器上直接进行体验和浏览。Flash 也可以直接转成.exe 可执行文件，在电脑上直接运行。甚至可以将 Flash 小游戏下载到手机中玩。

（3）由于 Flash 使用的是矢量图技术，所以制作的游戏体积非常小，十分便于网络传输和浏览，浏览者不需要漫长的等待便可以很快地体验游戏，防止浏览用户流失。

（4）Flash 游戏制作的成本较低，使用 Flash 制作的游戏能够大大减少人力、物力资源的消耗，同时制作时间上也会减少很多。

（5）Flash 动画在制作完成后，可以把生成的文件设置成带保护的格式，这样维护了设计者的版权利益。

第二节 设 计 方 案

一、体验型剪纸游戏的设计与实现

在体验型剪纸游戏中，我们设计并制作了游戏《剪雪花》。由于在传统剪纸技法中雪花（团花）属于折剪法，所以剪纸游戏《剪雪花》同样也是按照折剪法设计的。进入游戏后，玩家首先自定义折纸的次数，然后使用九个已经定义好的图形元素进行裁剪，再选择雪花的颜色，最后在内嵌的六种动画方式中选择一种动画方式生成雪花的动画。整体流程设计好之后，就开始进行界面设计和游戏的制作。游戏的界面和网站及流程交互动画的风格协调统一，都采用橘红色搭配浅黄色的中国传统风格。Flash 背景图的制作方法与流程交互动画的制作方法一样，这里不再赘述。具体如图 8-1 所示。

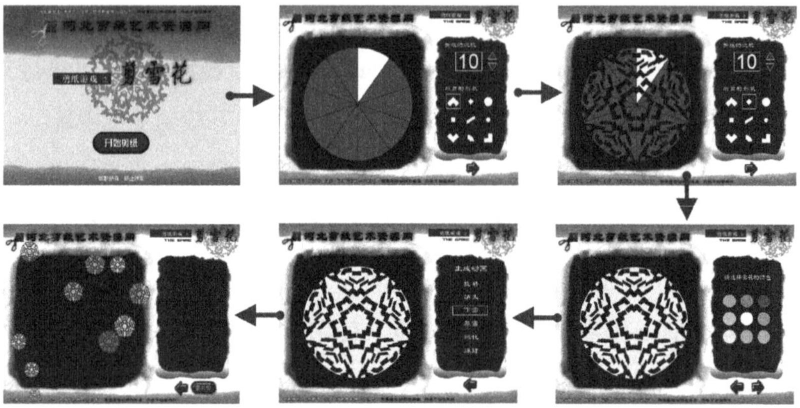

图 8-1　《剪雪花》游戏流程设计

剪纸游戏中大部分的工作量是使用 ActionScript 编写游戏代码，如图 8-2 所示。

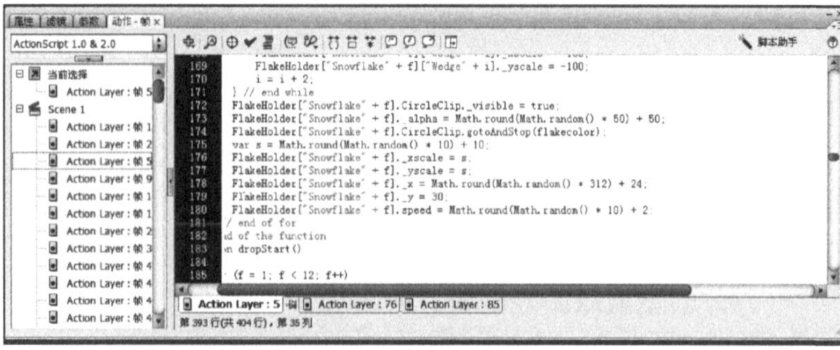

图 8-2　《剪雪花》其中一帧的 AS 游戏源代码

二、益智型剪纸游戏的设计与实现

益智型游戏是网络上最常见的一种游戏类型，连连看、祖玛、泡泡堂、卡丁车、棋牌类游戏、推箱子等均属于益智型游戏。在设计和制作这一类游戏的时候，笔者遇到的最大一个问题就是如何将剪纸风格“不留痕迹”地融入游戏中。

我们决定以剪纸主题为切入点进行游戏设计。例如，在传统游戏吃豆子中，我们就可以用吃豆子的游戏方法设计全新的剪纸游戏《老鼠偷油》，将吃豆子里的张嘴卡通头设计成剪纸风格的老鼠，将吃豆子中的豆子设计成剪纸风格的油滴。在将里面砖墙和植物等游戏配景都设计成剪纸风格。找到了切入点，笔者又以传统耐玩型游戏推箱子为基础，设计了全新剪纸风格的游戏《肥猪拱门》。

已经完成的益智型剪纸游戏有几款益智拼图游戏，有像魔方、华容道一样的移动拼图游戏，还有完全打碎靠鼠标拖拽碎片拼接的拼图游戏。为了增加趣味性和耐玩性，游戏里都添加了不同的关卡，还设计了倒计时、积分、完成度、移动步数等变量参数，提高了游戏的交互性和技术含量。考虑到趣味性和易辨识性，智力剪纸拼图游戏最后选用了民间常见的福寿娃娃作为剪纸图片。

整个游戏使用 Flash 图层进行制作，场景中一共建立了四个图层，依次是背景层、动作层、文字层、音乐层，如图 8-3 所示。结合游戏

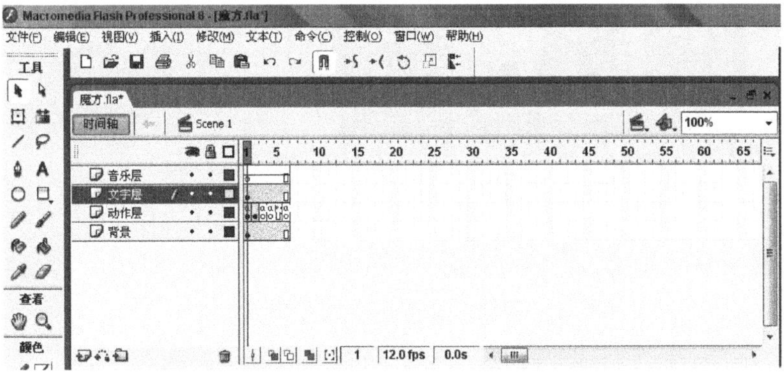

图 8-3　拼图游戏《福寿娃娃》的图层设置

的目的和受众，选取比较轻松愉快的音乐做背景，烘托出一种轻松、愉快的气氛，让玩家在一种放松的状态下体会到游戏带来的快乐，游戏选用的背景音乐为《闲云孤鹤》。图块的打散使用了大量的 AS 代码，如图 8-4 所示。最终效果如图 8-5 所示。

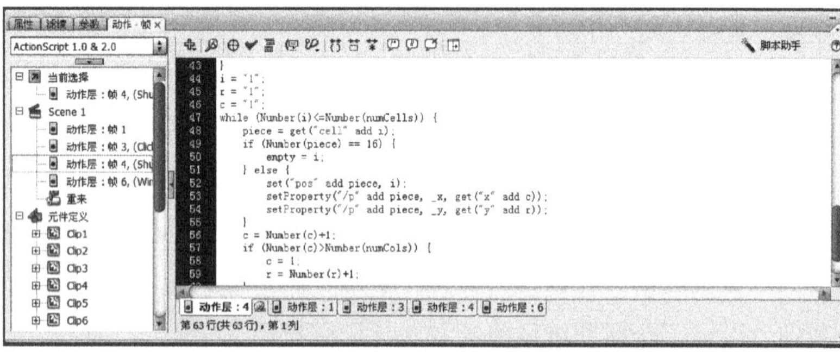

图 8-4　拼图游戏《福寿娃娃》的打散 AS 源代码

图 8-5　拼图游戏《福寿娃娃》的最终效果

第三节　关键问题与技术难点

剪纸艺术游艺系统设计与实现的关键问题与技术难点有：

1. 游戏算法

游戏算法是游戏制作中最大的技术难点，不同的游戏算法也各不相同，往往一个简单的小游戏在算法上都需要反复的讨论才能最终决定。

2. 游戏中动画元件的制作较复杂

例如，《肥猪拱门》中的肥猪走动的动画元件，开始时制作了一个肥猪从左向右走动的循环动画元件，但是进行游戏实测的时候，发现猪走起路来很不舒服，让人啼笑皆非。猪在往上、下、左、右四个方向走动的时候角度和动作是不一样的。例如，往上走动的时候，我们看到的是猪的圆圆的屁股和尾巴；向下走动的时候，是正面的猪头、猪身体和两只脚；向左或右走动的时候，是猪头和猪身体的侧面和四只脚。在 Flash 里面，只要是有动画的元素必须单独制作元件。还是以猪的行走为例，他的头、身体、四肢、尾巴都要进行单独的绘制和分层并进行动画调节，所以一个游戏角色制作下来的工作量很大。

3. 游戏中元件的调用

游戏中的大部分东西都是自动生成的，80%的图形、动画和声音元件都是使用 AS 直接调用的。这就对元件的制作要求十分严格，均要以像素为单位进行绘制，并且要经过严格的测试才可以使用。

4. 游戏的测试

游戏都是手工编写的，因此难免会有漏洞和疏忽，甚至出现死循环导致游戏自动退出。所以评测显得十分重要，只有经过测试以后的游戏才可以发布。

第九章

虚拟博物馆的开发与建设

第一节 指导思想

剪纸艺术品类丰富，但产地比较分散，实体剪纸博物馆的数量极少，多属于个人作品汇集，规模非常小，鲜有展示交流的机会。由于地理环境和区域限制，剪纸艺术的流传和发展都比较缓慢。为了更加真实、形象、综合地宣传、弘扬剪纸艺术及其生产、流通等过程，我们采用真三维虚拟场景、虚拟交互的形式来展示这一古老的民间艺术。

利用虚拟现实（VR）技术集成研发文化遗产数字博物馆及真三维虚拟交互体验平台，使观众跨越时空界限，置身虚拟场景中，体验、感受、把玩珍贵的民间艺术品，是本文的创新研究之四。

第二节 总体规划

一、展馆模块划分

河北剪纸艺术数字博物馆规划主要分为三大系统——虚拟场馆漫游系统、虚拟展示系统和虚拟交互系统。

1. 虚拟场馆漫游系统

用户通过虚拟软件平台，在已建设完善的三维展厅中行走漫游，通过鼠标、键盘、触摸屏等输入装置，自由浏览河北剪纸产地的优秀代表作品，体验剪纸艺术数字博物馆在各方面的精心设计元素，身临其境地感受剪纸艺术的魅力。

2. 虚拟展示系统

基于三维虚拟软件平台所提供和支持的导航系统，在用户漫游浏览的过程中，通过触发性的事件展示相关的文字、图片、视频资料来进一步认识和了解剪纸艺术。

3. 虚拟交互系统

在河北剪纸艺术数字博物馆的特定区域，浏览者可以进行许多交互操作。例如，通过玩与剪纸相关的小游戏，学习某些剪纸的制作方法、欣赏有关剪纸的动画等。

二、功能区设计

虚拟博物馆的功能分区（图 9-1）主要设计为作品展示区、剪纸工具展示区、剪纸工艺流程区、学术交流区、剪纸纹样区、剪纸艺术虚拟交互区。剪纸艺术虚拟交互区为体验者提供剪纸工艺流程动画的欣赏、剪纸形式的相关动画、剪纸文化的探索研究专题片。不仅如此，丰富多样的剪纸小游戏也能激发体验者对剪纸的兴趣，寓教于乐。

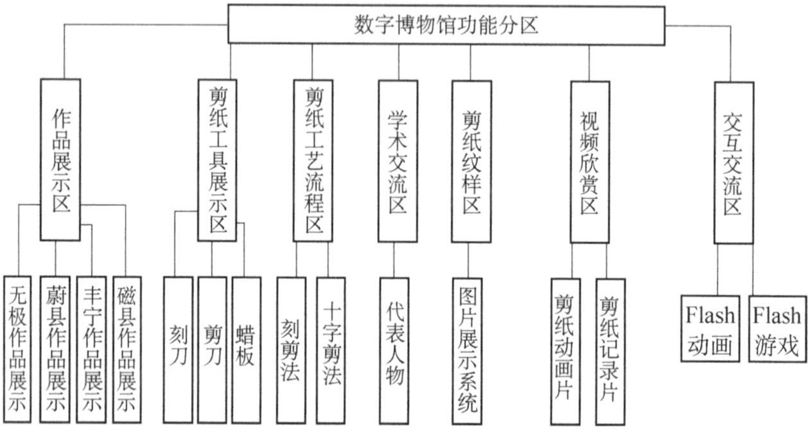

图 9-1　数字博物馆功能分区

第三节　数字博物馆的设计与实现

一、空间布局与规划

数字博物馆中，功能性是展示空间设计的主要依据。展示空间的功能性主要是从物质空间来考虑的。剪纸艺术数字博物馆中，任何性质的空间环境都有其特定的功能，空间的分割也是以空间的功能利用为目的。

1. 主要内容展示内容

河北剪纸数字博物馆展厅主要展示河北省四个剪纸著名产地（蔚县、磁县、丰宁满族自治县和无极县）的剪纸作品，其中蔚县剪纸是河北地区剪纸样式最丰富、色彩最华丽的剪纸形式，在河北地区乃至全国的影响很大，其次是磁县剪纸、丰宁满族剪纸、无极剪纸。另外还有一个创新应用与游艺体验区。

2. 天圆地方的设计原则

方案设计本着天圆地方的原则，将数字博物馆分为四个展区，蔚县展区最大，其次是磁县展区、丰宁展区、无极展区。剪纸区域通过围墙隔开，形成相对独立的空间，却又相互贯通。区域的形状来源于中国传统文化代表——八卦，采用空间大小、曲直、方圆、高低等手法的对比反差和反复交替来不断调整公众的观感，由此而产生“新鲜感”、“新奇感”和“兴奋点”。使观众进入了这全面而又生动的环境，去阅读、观看、揣摩、比较、分析知识的渊源，使得“沟通”的程度增加，使观众进入了实体的操作或虚拟的想象。展区的总体布局如图 9-2 所示。

图 9-2　展区总体布局

3. 特色鲜明的展厅入口设计

河北剪纸数字博物馆展厅主要由入口门厅、蔚县剪纸作品展区、磁县剪纸作品展区、丰宁满族剪纸作品展区、无极剪纸作品展区、中厅交互区及剪纸工具与流程展区七个区域组成，如图 9-3 所示。

图 9-3　河北剪纸数字博物馆门厅

入口门厅为方口圆形，入口处门厅外大内小，具有纵深感、神秘感，从外向里逐渐变小，产生紧张感，走入开阔圆厅后参观者会有柳暗花明、豁然开朗的感觉。河北剪纸博物馆的立体字立在灰色底座上，与展厅的形状相呼应。右边墙的背景为乳胶漆白色，上面有河北剪纸数字博物馆标题和一幅剪纸人物作品，图片与文字的排版采用左右型，大图片配合大字体和小英文，左侧墙是剪纸艺术的简介。中部立体地图的设计以《周礼》中“以玉作六器，以礼天地四方”的启示展开设计，把河北剪纸之乡的地图作为展示的设计对象。在平面布局上，由五个展区围绕，以中间的大展台为中心，东、西、南、北四个方向均匀环绕。中间的大展台分上、下两层（代表天地）。展台周身为乳胶漆白色材质，高 30 厘米，展台上部放置由小方块组成的河北地图，地图上方有各个县的标识，标识具有交互功能，参观者点击相应县的名称就可以进入相应县的展区进行参观浏览，如图 9-4 所示。

图 9-4　天圆地方的展厅造型及中厅电子地图

二、展台与展板设计

剪纸艺术数字博物馆的展品与展台设计是数字博物馆展示设计的重要组成部分，展品与展台是丰富的剪纸艺术资源的内容载体，展品与展台的设计直接关系到剪纸艺术内涵的表达效果。陈列设计是一种视觉表现的手法，是将一种理念、思想和意图转化为一种可视形象的创造性行为。它涵盖了美学、心理学、视觉艺术、营销学等多种知识，同时利用各种道具展示文化及展品定位，运用各种展示技巧将展品的特性表现出来。陈列要随展示目的、展示方法及展示空间结构的不同而变化，合理的展品陈列可以起到提升展品价值的作用。

展品是展示空间的主角，以最有效的场所位置向观众呈现展品是划分空间的首要目的，逻辑地设计展示的秩序、编排展示的计划，不同的展示内容有与之相对应的展示形式和空间划分。人们在展示环境中对展品的欣赏必然是一种动态的观赏，因此展示空间的功能特点决定空间具有流动性。所以在空间设计上采用动态、序列化、有节奏的展示形式，如图 9-5 所示。

图 9-5　流线型的动态展区设计

三、展台展板造型

1. 蔚县展区

蔚县展区展示的作品内容色彩丰富，表现形式多样，题材广泛，因此展板的设计根据重复与渐变、对称与均衡、节奏与韵律的形式美法则设计。蔚县展区的标题指示牌由五个箭头形状的白板组成，其中第四块板较其他板大，达到重复中有变化、变化中有统一的形式和风格，底部为白底红字的英文字母相配合。同一种题材的作品基本都有统一的展示形式和展示风格，其中十二生肖的剪纸作品展示采用的是连续重复的独立展板来表现，同时也采取了分割统一的原则，将一幅中国龙的剪纸作品分为几个小展板共同展示。蔚县展区如图 9-6 所示。

2. 丰宁展区

丰宁展区中间由一块分割拼组的特殊形状的展板隔开，折线型的小展台上放置着剪纸花纹的盘子，这是剪纸纹样在现代生活中的应用实例，剪纸在现代生活中有广泛的应用，主要应用范围有产品包装、服装、动画等。展区边缘设置为玻璃墙的形式，不仅增加了展区之间的通透性和流通性，也实现了展区之间的隔断效果，使展区形成了一个相对独立的空间。丰宁展区如图 9-6 所示。

3. 磁县展区

磁县展区的展示形式比较丰富，有折线的展示墙、直线的展示墙、环形的展示墙、玻璃效果的展示板，多种形式组合在一起，综合展示磁县剪纸的创作形式。磁县展区如图 9-6 所示。

4. 无极展区

无极展板主要为弧形墙，中部凹进，交错排列。无极展区如图 9-6 所示。

图 9-6　河北剪纸数字博物馆剪纸四大展区

5. 剪纸工具与剪纸流程互动游艺展区

剪纸工具与剪纸流程互动游艺展示区主要展示的是剪纸所必需的刻刀、剪刀、蜡版等及剪纸流程的内容介绍，其中剪纸工具采用实体模型制作，悬浮在圆柱形状的展台上，上部有圆筒的灯光向下照射。圆柱和圆筒以斜切的形式相互呼应。展示效果如图 9-7 和图 9-8 所示。

图 9-7　剪纸工具交互展示区

图 9-8　剪纸工艺流程介绍区

四、交互动画设计

交互设计是数字博物馆的重头戏，也是它最吸引人的地方。如果说建模给数字博物馆创造了一个个世界、一个个形象，那么交互设计就是给世界增加了生气与灵魂。河北剪纸艺术数字博物馆的交互设计包括界面导航交互、剪纸资料展示交互、剪纸流程动画交互、剪纸游戏交互四种。

1. 界面导航交互

数字博物馆的浏览者可以通过导航菜单更改博物馆的游览模式，选择鸟瞰、自由行走或自动漫游的方式，同时也可以通过控制按钮直接跳转中厅，进行更多的交互体验。

2. 剪纸资料展示交互

在一些展板上，游览者可以通过点击或鼠标移入的方式激活相关资料的展示，让游览者不仅从简单的视觉上，更从精神内涵方面了解中国剪纸艺术的魅力。

3. 剪纸流程动画交互

在中厅的虚拟交互区，通过点击屏幕，可以同步学习几种剪纸的制作方法，通过体验者的自主控制，可以更主动地激发学习剪纸技法的热情。

4. 剪纸游戏交互

为了增加数字博物馆的交互性与趣味性，使体验者在娱乐中更深地认识和理解剪纸艺术及剪纸作品，同时也增加数字博物馆的互动性、娱乐性、知识性，专门设计了三个有关剪纸的 Flash 小游戏，分别为连连看、记忆大考验和拼图游戏。游戏的界面采用和剪纸网站一样的色彩、色调，采用有水墨晕染效果的橙色和黄色搭配，作为剪纸小游戏统一的主界面，点击“开始”按钮就可以进行游戏的试玩，简单、有趣又容易上手。效果如图 9-9 所示。

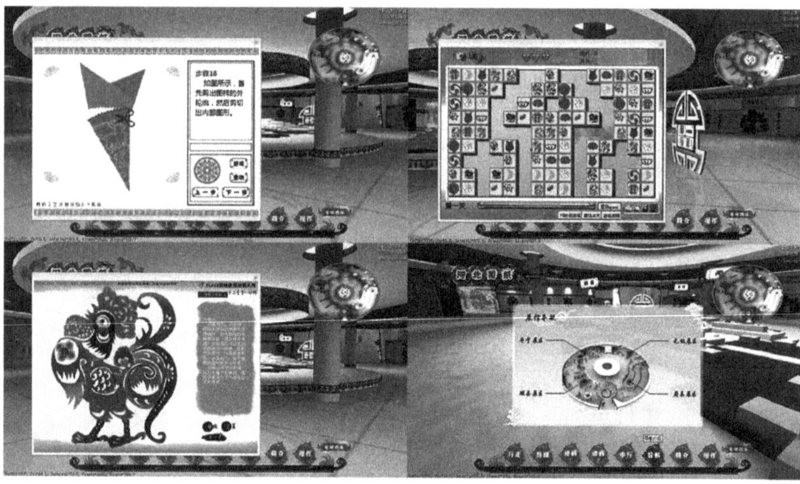

图 9-9　丰富的交互设计

第四节　虚拟展示系统的设计与实现

一、虚拟展示系统设计的新思路

初级的博物馆漫游虚拟体验可以让用户更加真实地了解信息，但是参观者在虚拟博物馆的漫游过程中只能参观和欣赏很少一部分优秀的剪纸作品和与剪纸艺术相关的资料，很难对剪纸艺术有深层次的认识和理解。因此，需要在虚拟现实平台（Virtual Reality Platform，VRP）平台的支持下设计虚拟展示系统。虚拟展示系统包括图片展示系统、视频展示系统、文字展示系统、动画展示系统、Flash 小游戏系统。通过虚拟展示系统，可以给参观者有关剪纸艺术更多的展示成果和文字素材，帮助参观者全面、准确地认识和了解剪纸文化。

二、VRP 虚拟引擎的平台选择

VRP 平台有友好的图形编辑界面，高效快捷的工作流程，强大的 3D 图形处理能力，任意角度、实时的 3D 显示，支持导航图显示功能，高效高精度物理碰撞模拟，支持动画相机，可以方便录制各种动画，支持编组，方便整体操作，强大的界面编辑器，可以灵活设计播放界面，可以任意编辑或替换启动界面，支持对物体的镜像、旋转、缩放和平移等操作，支持 ATX 动画贴图，支持点击物体触发动作，支持距离触发动作，支持行走相机、飞行相机、绕物旋转相机等相机，高效、人性化的动作管理器，可以自由设置各种动作，可以直接生成.exe 独立可执行文件，支持天空盒，能模拟真实的天空效果，支持导入 3Ds Max 关键帧动画和 REACTOR 刚体动画。

最重要的是，VRP 平台支持 Flash 控件，能够实现 VRP 与 Flash 文件之间流畅的通信。通过 Flash 强大的动画功能和交互功能可以弥补 VRP 平台界面表现形式单一、展示效果死板的缺点。

三、虚拟展示交互系统的设计

1. 图像动态展示系统的设计与实现

数字博物馆中展示的有关剪纸作品的数量和剪纸作品的介绍寥寥无几。为了增加相关剪纸作品的数量和信息量，设计了图片展示系统。

图片展示系统主要由 Flash 软件开发。通过 Flash 脚本语言 Actionscript 3.0 的编写，形成图片读取外部文件的程序，然后编译成.swf 文件，通过 VRP 平台中的 Flash 控件来读取外部.swf 文件，从而实现 VRP 中图片展示系统的设计。参观者通过点击操作触发 VRP 脚本事件实现图片的展示。

VRP 中指示标志中的脚本代码如下：

```
创建悬浮窗口,wjpic,200/200/864/650,0
设置悬浮窗口边框,wjpic,1
显示悬浮窗口,wjpic,1
设置悬浮窗口内容,wjpic,D:\博物馆 vrp 第一版\Flash 界面\无极\demo.swf。
```

图片展示系统展示方法为，通过鼠标点击左侧的缩略图图片，在窗口右侧会以不同的切换形式出现这个图片的大图，参观者可以详细观察剪纸作品的大图，更细致地了解剪纸用得到的纹理。图片下方是和图片相对应的文字说明，用来介绍这个剪纸作品的制作寓意、制作方式等。动态图片展示系统如图 9-10 所示。

图 9-10　图片展示动态系统截图

剪纸图片展示系统图片展示方式的核心代码如下：

```
function completeHandler (event:Event) {
        var Xml:XML=new XML (event.target.data) ;
        len=Xml.pic.length () ;
        for (var i:uint=0; i<len; i++) {
            PicUrlAry[i]= (Xml.pic[i].url) .toString () ;
            PicTextAry[i]=(Xml.pic[i].content).toString
() ;
        }
        //载入第一张图片和缩略图
        loadThumb () ;        //载入缩略图
        loadPic (num) ;     //载入图片
    }
    //载入大图
    function loadPic (num:uint) :void {
        PicUrl=new URLRequest (PicUrlAry[num]) ;
        loader=new Loader () ;
  loader.contentLoaderInfo.addEventListener (Event.
```

```
COMPLETE,PicLoadcomplete）;
            loader.load（PicUrl）;
            showText（num）;
        }
```

Flash 文件中展示的图片来自外部文件夹 images 内的图片序列，所有的图片全部以“数字.jpg”命名，图片在 Flash 中的显示是通过 XML 文件与 Flash 之间的相互连接实现。XML 文件截图如图 9-11 所示。

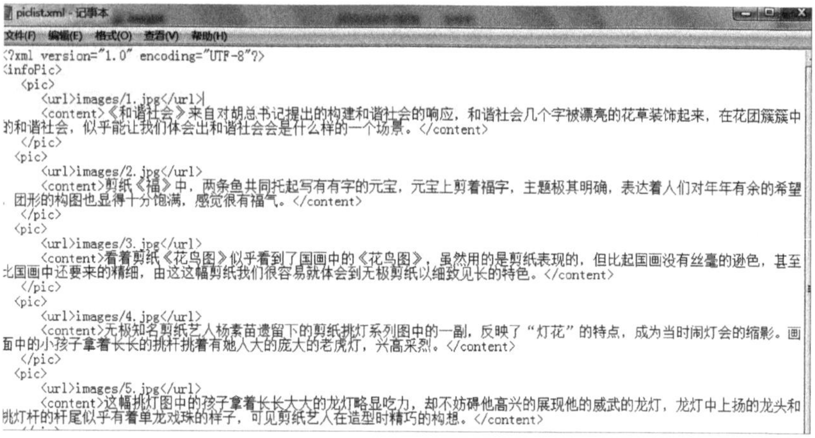

```
picdist.xml - 记事本
文件(F) 编辑(E) 格式(O) 查看(V) 帮助(H)
<?xml version="1.0" encoding="UTF-8"?>
<infoPic>
  <pic>
      <url>images/1.jpg</url>
      <content>《和谐社会》来自对胡总书记提出的构建和谐社会的响应，和谐社会几个字被漂亮的花草装饰起来，在花团簇簇中
的和谐社会，似乎能让我们体会出和谐社会会是什么样的一个场景。</content>
  </pic>
 <pic>
      <url>images/2.jpg</url>
      <content>剪纸《福》中，两条鱼共同托起写有有字的元宝，元宝上剪着福字，主题极其明确，表达着人们对年年有余的希望
 团形的构图也显得十分饱满，感觉很有福气。</content>
  </pic>
 <pic>
      <url>images/3.jpg</url>
      <content>看着剪纸《花鸟图》似乎看到了国画中的《花鸟图》，虽然用的是剪纸表现的，但比起国画没有丝毫的逊色，甚至
比国画中还要来的精细，由这这幅剪纸我们很容易就体会到无极剪纸以细致见长的特色。</content>
  </pic>
 <pic>
      <url>images/4.jpg</url>
      <content>无极知名剪纸艺人杨素苗遗留下的剪纸挑灯系列图中的一副，反映了“灯花”的特点，成为当时闹灯会的缩影。画
面中的小孩子拿着长长的挑杆挑着有她人大的庞大的老虎灯，兴高采烈。</content>
  </pic>
 <pic>
      <url>images/5.jpg</url>
      <content>这幅挑灯图中的孩子拿着长长大大的龙灯略显吃力，却不妨碍他高兴的展现他的威武的龙灯，龙灯中上扬的龙头和
挑灯杆的杆尾似乎有着单龙戏珠的样子，可见剪纸艺人在造型时精巧的构想。</content>
```

图 9-11　XML 文件截图

2. 视频及动画展示系统的设计

由于数字博物馆中模型和贴图的限制，剪纸风格的动画片、“剪纸之乡”的纪录片等都难以完全展示给用户欣赏。因此设计视频展示系统，可以使参观者更直观地了解剪纸艺术。

视频展示系统主要由 Flash 软件开发。通过 Flash 中的视频播放组件来完成读取外部视频的程序，然后编译成.swf 文件，通过 VRP 平台中的悬浮窗口添加 Flash 控件来读取外部.swf 文件，从而实现 VRP 中视频展示系统的设计。

3. 游艺系统交互体验的设计

剪纸小游戏之拼图游戏主要是将一幅剪纸作品按照规则分成3×3、4×4或5×5的正方形，分布在窗口右侧，玩家通过鼠标拖拽碎片按照记忆的位置放到左边相应的位置，如图9-12所示。

图9-12　剪纸翻翻看小游戏

四、交互接口的设计与实现

功能菜单接口就是陈列出系统的各项功能。功能菜单的设计主要涉及功能菜单的合理布局和美观设计。要合理地布局菜单上的各项功能，首先要对所有的功能进行分析，站在用户的角度考虑，安排好按钮的布局。功能菜单主要需要安排动画、行走、简介、导航、鸟瞰几个功能按钮。经过以上考虑之后就设计出了如图 9-13 所示的功能菜单。目前我们使用的大多数系统是微软的 Windows 操作系统，人们已经习惯了在底边找功能按钮，所以应将功能菜单放置在底部，主要是便于用户操作。同时将工具条放在中间是考虑到点击方便，直接可以进行功能操作。以上功能地实现是通过 VRP 自带的编辑界面功能来实现的。VRP 中的代码控制如图 9-13 所示。

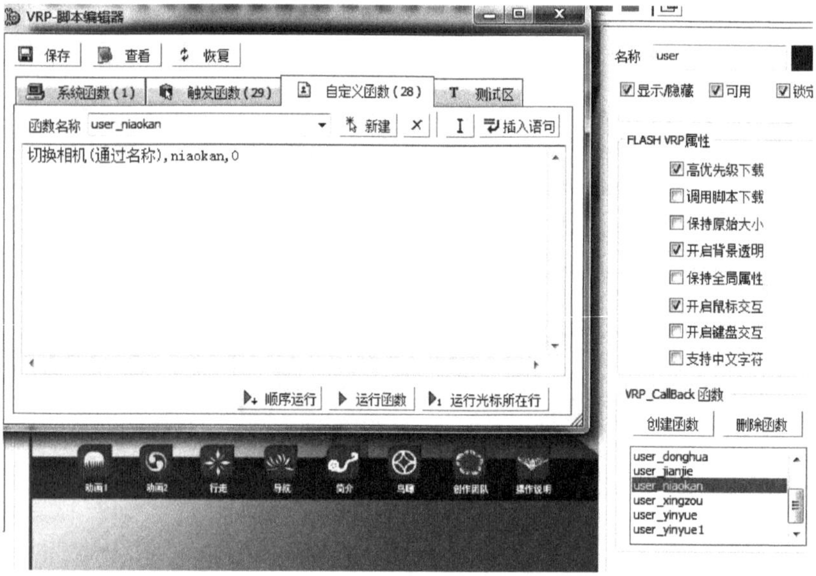

图 9-13　交互菜单中的 VRP 代码

五、VRP 与 Flash 的通信机制

在 VRP 中，如果要流畅、顺利地控制 Flash 控件的显示、隐藏等操作，并通过 Flash 控件所加载的.swf 文件中的按钮或其他标志来控制 VRP 中的 GUI 控件、物体、摄像机、文件开关、脚本文件等所有 VRP 中能够实现的操作，VRP 与 Flash 之间必须有一个完善的通信机制。这样才能实现 Flash 中的操作命令准确地传递给 VRP。这个通信

机制就是在 Flash 中定义一个变量：var VRP_CallBack=""，在 Flash 的相应关键帧处或按钮元件代码中为其赋值 m。然后在 VRP 平台中加载 Flash 控件，并编写以 m 为函数名的函数，来控制 VRP 中物体、相机、Gui 控件、声音、视频等一系列的操作。Flash 与 VRP 的通信机制如图 9-14 所示。

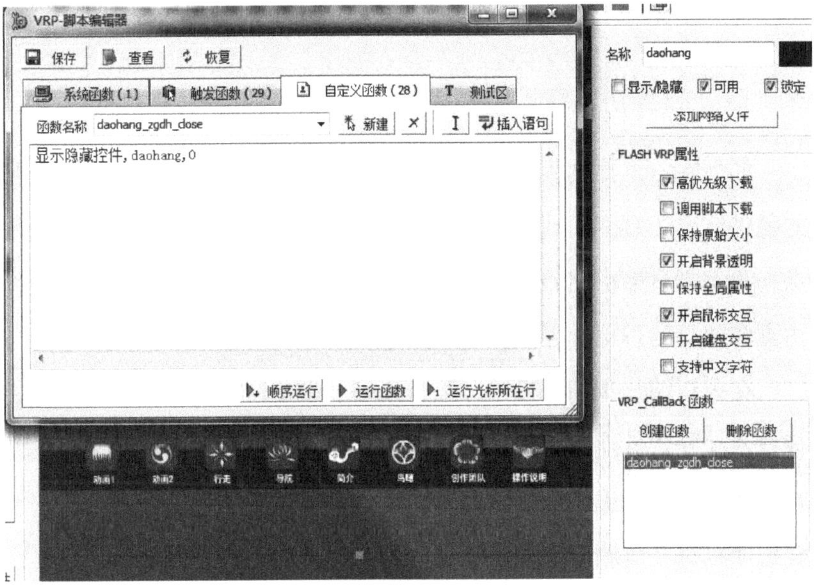

图 9-14　Flash 与 VRP 的通信机制

第五节　关键问题与技术难点

一、资源及传播策略的组合优选

数字博物馆的顺利运行依赖于电脑与互联网的“硬件”条件。因而决定向观众传播哪些信息、如何传播相关的剪纸资源内容成为必须解决的首要问题。一方面，通过剪纸艺术展示资源的筛选，使需要表达的内容和思想可以通过已有的展示技术充分表达出来，充分体现数字博物馆展示的特点和优势。另一方面，也须使其独特的教育、服务、娱乐功能得到发挥。

二、三维仿真表现与模型瘦身

如何在三维仿真表现效果（展馆真实化程度）和运行效率（电脑的硬件配置）之间找到完美的结合点是该虚拟博物馆建设的重点和难点，我们经过多次试验、测试、改进，摸索出了一套针对性强的模型仿真和瘦身的理论、方法和技术方案，

在虚拟博物馆的开发中，综合采用了烘焙渲染技术和法线贴图表现技术，开创性地将全局光影效果映射至每张贴图上，对数千张贴图在算法和存储上进行了处理和优化。这种方法可以保障所开发的三维虚拟博物馆在电脑硬件要求不高的情况下准确、流畅地运行。

三、高效运行环境和维护平台的搭建

三维虚拟展馆与网络结合涉及的技术领域比较多，如何让观众通过互联网及时、真实、准确、无障碍地感受展馆及展品，并能在线参与各种互动体验，如何搭建安全、稳定、高效的运行环境和维护管理平台，这些问题都对平台的搭建策略和技术提出了更高的要求。

这里最关键的是如何将主要相关技术（如虚拟现实技术、游戏开发技术、数字图像处理技术、视频拍摄和处理技术、数据集成技术、

网格技术、云计算技术等）无缝结合，友好协作。

四、冗余信息的优化

在建设河北剪纸艺术数字博物馆的过程中，遇到了一系列影响数字博物馆正常运行的问题。例如，发现数字博物馆的系统信息有大量的冗余。数字博物馆因为展出的内容和资源较丰富，导致在计算机硬件条件的限制下出现浏览时出现明显的卡顿、某些交互内容不能正常显示的情况。

针对问题所在，河北剪纸艺术数字博物馆做了多方面的优化，如贴图优化、模型优化、界面优化、碰撞优化等。在三维虚拟数字博物馆中，贴图承载着表现剪纸艺术展品与呈现空间光影效果的重任，也是数字博物馆系统冗余信息的主要来源。解决好贴图的优化问题，可以大大提高数字博物馆的运行效率，令体验者有更真实的虚拟体验。在实际开发中，根据格式不同，贴图优化为硬件匹配性最高、识别性最好、运行效率最快的新格式，减少了整个程序文件的大小，减轻了系统负担，提高了浏览速度。

第十章

结论与展望

本书以河北省典型非物质文化遗产剪纸艺术为例，通过对国内外非物质文化遗产保护现状的分析，综合社会学、民艺学、民俗学、传播学、计算机与信息科学等学科的知识，对剪纸艺术的数字化保护策略进行了探索，提出了一整套民族民间文化遗产抢救、保护、弘扬、传播的理论、方法与技术方案，构建了一个以信息技术为基础的数字化虚拟民族民间文化遗产保护与传承的多媒体交互体系平台。其主要内容包括：

（1）对散落于河北民间的剪纸艺术原始素材进行标准化数据采集与记录，采集内容主要包括剪纸作品、创意理念、设色原则、剪刻工艺、代表艺人、传播传承方式等。

（2）对采集到的原始素材进行科学分类、优化处理、压缩存储、建库检索、传承共享，让广大群众能够通过电子设备进行观赏、查阅、反馈。

（3）对民间艺术图符纹样的“基因信息”进行特征提取与矢量化表示，建立图符纹样“基因信息”库，并基于图符纹样“基因”数据库建立剪纸艺术重构与创新应用系统，以生成新的剪纸作品和现代设计艺术形式。

（4）开发民间剪纸艺术的多媒体虚拟场景、多媒体虚拟剪纸艺术生产过程的体验型交互游戏平台，让人们在寓教于乐中体验古老的民间艺术。

（5）依托互联网与信息产业的先进技术，开发具备文化遗产资源的高效检索、互动赏析、创新应用、游戏体验、虚拟交互等多重功能的多媒体公共服务平台。

（6）利用虚拟现实（VR）等技术集成研发文化遗产数字博物馆，

利用三维建模与虚拟交互展示技术将已经消失了或很难通过文字语言形式完整记录的生产与消费方式进行再现，通过交互体验的形式直观地演示与展示。

综上，我们虽然在非物质文化遗产数字化保护理论与实践中取得了一些成果，但还有一些思路和想法由于多方面原因没能实现，如对河北民间剪纸艺术的进一步深层次采集和理论研究；对民间艺术图符纹样“基因信息”矢量图形的智能与模糊处理，对文化遗产数字资源公益服务与商业运营并行互惠的运行模式；对新型产业、专业队伍的培养和带动等，这些都是我们后续研究工作需要深入挖掘、探索和努力的方向。

参考文献

单霁翔. 2008. 从“文物保护”走向“文化遗产保护”. 天津：天津大学出版社.

邓小盾. 2017. 文化遗产数字化形状匹配方法研究. 电子设计工程，25（1）：155-159.

冯骥才. 2015. 中国非物质文化遗产百科全书. 北京：中国文联出版社.

贾磊磊. 2010. 数字化时代文化遗产的保护和展现：中美文化论坛文集. 北京:文化艺术出版社.

蒋万来. 2016. 传承与秩序：我国非物质文化遗产保护的法律机制. 北京：知识产权出版社.

靳之林. 抓髻娃娃. 2001. 桂林：广西师范大学出版社.

康保成. 2016. 中国非物质文化遗产保护发展报告. 北京：社会科学文献出版社.

吕品田. 2007. 中国民间美术观念. 长沙：湖南美术出版社.

吕燕茹，张利. 2016. 新媒体技术在非物质文化遗产数字化展示中的创新应用. 包装工程，37（10）：26-30.

潘云鹤，樊锦诗. 2003. 敦煌 · 真实与虚拟. 杭州：浙江大学出版社.

王小根. 2013. 吴地文化遗产：数字化及其教育传承. 北京：科学出版社.

王耀希. 2009. 民族文化遗产数字化. 北京：人民出版社.

徐少水. 1998. 虚拟现实中基于图像的绘制技术. 中国图像图形学报，3（12）：1005-1010.

彦风. 2016. 数字媒体技术与传统文化遗产的融合——中央美院关于文化遗产的

数字化应用实践. 现代声像档案，2：15-16.
杨红. 2014. 非物质文化遗产数字化研究. 北京：社会科学文献出版社.
杨先让，杨阳. 2003. 黄河十四走. 北京：作家出版社.
张道一. 2006. 民间美术的二分法. 天津大学学报（社会科学版），8（4）：286-289.
张晓凌. 2004. 中国原始艺术精神. 重庆：重庆出版社.
周明全. 2011. 文化遗产数字化保护技术及应用. 北京：高等教育出版社.

后记

本书稿凝聚了许多人的心血、帮助与支持，在此借方寸之地略表感激之情。

首先感谢国家社科基金艺术学规划管理办公室、河北省教育厅人文社科重大攻关项目规划办公室和河北省社会科学发展研究课题规划办公室以及河北省文化厅有关部门的领导和同志们的大力支持与帮助。是他们给了我深入调查与潜心研究的基础和支持。

另外要感谢河北盛名久播的杰出民间艺术家任玉德老先生和其子任志国先生以及蔚县剪纸行业协会副会长张怀远先生的支持与帮助。感谢蔚县剪纸大师周广、焦氏兄弟、丰宁剪纸大师张东阁以及磁县、三河、无极、蠡县、平泉、张北等地的河北众多剪纸艺人。

需要特别指出的是，本书参阅了诸多专家、学者的有关著作和论文，在此一并致以诚挚的谢意。还要特别感谢科学出版社侯俊琳、朱萍萍等相关工作人员的鼎力支持与不懈努力。感谢我的领导、老师和同事们对本书出版的关心、鼓励和支持。

感谢我的同事苑鹏军、王艳贞、陆凯和韩立华的帮助和奉献。他们为本书做了大量的资料搜集、整理、关键技术的支持工作。非常感谢他们在书稿完成过程中提供的技术支持和建设性意见。

最后让我谨以此书向一切支持和帮助我的良师益友以及每一位读者致以诚挚的谢意，并衷心期待得到各位专家和读者的宝贵意见和建议！

著　者

2017 年 9 月

研究成果展示

剪纸动画（猴子捞月）

剪纸动画（小老鼠上灯台）

互动游艺

剪纸工艺交互 DIY 系统截图

河北剪纸数字博物馆&资源网